Betriebsversammlungen

Einleitung

Die Betriebsversammlung ermöglicht dem Betriebsrat und der Belegschaft sich auszutauschen, innerbetriebliche Informationen weiterzugeben und sich auszusprechen. Darüber hinaus dient sie auch der Unterrichtung durch den Arbeitgeber. Das Gesetz regelt verschiedene Erscheinungsformen der Betriebsversammlung, u. a. regelmäßige und außerordentliche Betriebsversammlungen. Eine besondere Form der Betriebsversammlung ist die Wahlversammlung. In dieser erfolgt die Wahl eines Wahlvorstandes, um im Betrieb die Bildung eines Betriebsrats zu ermöglichen und dessen Wahl einzuleiten. Die Arbeitshilfe gibt nicht nur einen Überblick über die verschiedenen Erscheinungsformen der Betriebsversammlung. Sie greift auch alle weiteren Fragestellungen auf, die sich im Zusammenhang mit der Einberufung, den zulässigen sowie unzulässigen Themen und der Durchführung von Betriebsversammlungen im Betrieb aus Sicht des Betriebsrats und der Arbeitgeberseite stellen können. Deren Kenntnis ist nicht nur wichtig, um Betriebsversammlungen möglichst rechtssicher einzuberufen und durchzuführen. Zu bedenken ist auch, dass zB regelmäßige Betriebsversammlungen zwingend durchzuführen sind, da anderenfalls rechtliche Folgen bis hin zur Auflösung des Betriebsrats eintreten können. Die Arbeitshilfe soll dazu beitragen, dieses Risiko zu verringern. Zahlreiche Musterformulierungen und Praxistipps runden die Arbeitshilfe ab und sollen eine Umsetzung der rechtlichen Vorgaben in der betrieblichen Praxis erleichtern.

Aus Gründen der Lesbarkeit wurde auf das Gendern verzichtet. Die jeweils verwendeten Formulierungen beziehen sich ausdrücklich auf alle infrage kommenden Geschlechter.

Die Autoren

Dr. Stefan Müller
Rechtsanwalt und Fachanwalt für ArbR in Leipzig.
Beratung, Vertretung und Schulung von Arbeitgebern, Arbeitnehmern, Betriebsräten, Gewerkschaften und Arbeitgeberverbänden im individuellen und kollektiven ArbR. Langjähriger Referent für Schulungen von Führungskräften, Personal- und Betriebsräten im ArbR. Autor zahlreicher arbeitsrechtlicher Publikationen zum individuellen und kollektiven ArbR.

Dr. Marc Becker
Rechtsanwalt in einer auf arbeitsrechtliche Beratung, Vertretung und Schulung von Arbeitgebern, Arbeitnehmern, Betriebsräten, Gewerkschaften und Arbeitgeberverbänden im individuellen und kollektiven ArbR spezialisierten Kanzlei in Leipzig. Langjähriger Referent für Schulungen von Führungskräften, Personal- und Betriebsräten im ArbR. Autor zahlreicher arbeitsrechtlicher Publikationen zum individuellen und kollektiven ArbR.

Inhaltsübersicht

Der Inhalt der 4. Auflage entspricht dem Inhalt der Online-Edition 35/2024.

www.betriebsrat-plus.beck.de
www.vahlen.de

ISBN 978 3 8006 7412 1

Wilhelmstraße 9, 80801 München
Druck und Bindung: Himmer GmbH
Steinerne Furt 95, 86167 Augsburg

Redaktion: Sandra Eden, Ass. jur., Verlag Franz Vahlen GmbH, München

Satz: Druckerei C.H.Beck, Nördlingen
Umschlaggestaltung: Martina Busch, Grafikdesign, Homburg Saar

CO_2 neutral
vahlen.de/nachhaltig

Gedruckt auf säurefreiem, alterungsbeständigem Papier
(hergestellt aus chlorfrei gebleichtem Zellstoff)

I. Erscheinungsformen und Zweck der Betriebsversammlung

Betriebsversammlungen sind ein zentrales Element der Beteiligung von Arbeitnehmern in der Betriebsverfassung. In diesem Kapitel werden die Grundlagen von Betriebsversammlungen erläutert und ein Überblick über die verschiedenen Arten von Betriebsversammlungen sowie deren Voraussetzungen gegeben.

1. Was ist eine Betriebsversammlung?

Eine Betriebsversammlung gem. § 42 Abs. 1 S. 1 BetrVG ist die räumliche Zusammenkunft (zu digitalen und hybriden Betriebsversammlungen → *Frage 65: Sind virtuelle bzw. hybride Betriebsversammlungen zulässig?*) der Arbeitnehmer eines Betriebes und dem BR. Sie dient der **innerbetrieblichen Information**, dem **Meinungsaustausch** sowie der **Aussprache** zwischen BR und Belegschaft. Ferner dient die Betriebsversammlung auch der **Unterrichtung** der Belegschaft durch den Arbeitgeber. Eine besondere Form der Betriebsversammlung ist die Wahlversammlung. In dieser erfolgt die Wahl eines Wahlvorstandes, um im Betrieb die Bildung eines BR zu ermöglichen und dessen Wahl einzuleiten.

Die Betriebsversammlung wird als **Organ der Betriebsverfassung** bezeichnet, hat aber nur sehr begrenzte Rechte.

Die Regelungen zu Betriebsversammlungen in den §§ 42–46 BetrVG sind **zwingend** und können auch nicht durch Tarifvertrag oder Betriebsvereinbarung abbedungen werden.

2. Was ist der Unterschied zu einer Belegschaftsversammlung bzw. zu einer „wilden" Versammlung?

Eine Betriebsversammlung gem. § 42 Abs. 1 BetrVG kommt allein auf **Einladung des BR** zustande. Eine eigenständige Zusammenkunft von Arbeitnehmern („wilde" Versammlung) ist keine Betriebsversammlung iSv § 42 BetrVG. Arbeitnehmer sind allerdings aufgrund der allgemeinen Versammlungsfreiheit grds. berechtigt, sich zu versammeln. Soll eine solche Versammlung innerhalb der Arbeitszeit stattfinden, bedarf sie der Zustimmung des Arbeitgebers. Das Zustimmungserfordernis besteht auch dann, wenn für eine „wilde" Versammlung Räumlichkeiten des Arbeitgebers genutzt werden sollen.

Der Arbeitgeber selbst ist berechtigt, mit allen oder einem Teil der Arbeitnehmer eine **Mitarbeiter- oder Belegschaftsversammlung** durchzuführen. Auch hierbei handelt es sich nicht um eine Betriebsversammlung iSv § 42 BetrVG. Es ist allerdings zulässig, dass bei einer Belegschaftsversammlung vom Arbeitgeber auch Themen erörtert werden, die Gegenstand einer Betriebsversammlung sein können. Eine Belegschaftsversammlung des Arbeitgebers darf aber nicht als **Gegenveranstaltung** zu einer Betriebsversammlung durchgeführt werden (BAG 27.6.1989 – 1 ABR 28/88). Indizien für eine unzulässige Gegenveranstaltung können eine unmittelbare zeitliche Nähe oder zeitliche Überschneidung der Veranstaltungen des Arbeitgebers und des BR sein.

3. Kann ohne Betriebsrat zu einer Betriebsversammlung eingeladen werden?

Eine Betriebsversammlung kann nur durch den BR einberufen werden. Daher sind Betriebsversammlungen in betriebsratslosen Betrieben grds. ausgeschlossen (→ *Frage 4: Können Betriebsversammlungen auch in Betrieben ohne Betriebsrat stattfinden?*).

Die Belegschaft kann nicht selbst zu einer Betriebsversammlung einladen. Auch die Einladung durch eine bestimmte Anzahl von Arbeitnehmern ist nicht zulässig. Ein BR ist allerdings verpflichtet, auf **Antrag von ¼ der Arbeitnehmer** eine Betriebsversammlung einzuberufen, § 43 Abs. 3 S. 1 BetrVG (→ *Frage 35: Haben Arbeitgeber bzw. Gewerkschaften ein Einberufungsrecht?*).

Nicht ausgeschlossen ist, dass sich die Arbeitnehmer eines Betriebes außerhalb der Arbeitszeit oder mit Duldung des Arbeitgebers auch während der Arbeitszeit zusammenfinden. In diesen Fällen handelt es sich aber nicht um Betriebsversammlungen iSv § 42 BetrVG.

4. Können Betriebsversammlungen auch in Betrieben ohne Betriebsrat stattfinden?

Besteht in einem Betrieb kein BR, kann grds. nicht zu einer Betriebsversammlung gem. § 42 BetrVG eingeladen werden. Auch ein bestehender **GBR oder KBR** ist nicht berechtigt, in betriebsratslosen Betrieben eine Betriebsversammlung durchzuführen. Auch eine „Informationsveranstaltung" des GBR oder KBR wäre unzulässig.

Nur im Ausnahmefall kommt gem. § 17 Abs. 2 S. 1 BetrVG bzw. § 14a BetrVG eine Betriebsversammlung als **Wahlversammlung** zur Wahl eines Wahlvorstandes in Betracht. Zu dieser können drei wahlberechtigte Arbeitnehmer oder eine im Betrieb vertretene Gewerkschaft einladen (→ *Frage 13: Wann findet eine Wahlversammlung statt?*).

5. Welche Zwecke erfüllt eine Betriebsversammlung?

Eine Betriebsversammlung dient in erster Linie der **Information der Belegschaft** durch den BR über seine Tätigkeit. Zugleich sollen ein **Meinungsaustausch** und eine **Aussprache** ermöglicht werden.

Der Arbeitgeber ist zudem im Rahmen von Betriebsversammlungen einmal jährlich zur Berichterstattung verpflichtet (zur Berichtspflicht → *Frage 73: Wann und wie muss der Arbeitgeber auf einer Betriebsversammlung Bericht erstatten?*). Er darf darüber hinaus auch im Rahmen seines Teilnahmerechts zu allen zulässigen Themen sprechen und auf den vom BR erstatteten Tätigkeitsbericht eingehen (→ *Frage 70: Wie und durch wen hat der Tätigkeitsbericht des BR zu erfolgen?*). Insoweit dient die Betriebsversammlung auch der **Unterrichtung** der Belegschaft durch den Arbeitgeber.

Die Betriebsversammlung hat **keine Entscheidungs- und Kontrollbefugnisse**. Die Betriebsversammlung ist zudem nicht berechtigt, den BR abzuwählen oder den Ausschluss einzelner Mitglieder zu verlangen oder gar zu beschließen (zum Beschlussrecht → *Frage 76: Kann die Betriebsversammlung Beschlüsse fassen?*).

6. Welche Arten von Betriebsversammlungen gibt es?

Im Gesetz wird zwischen verschiedenen Arten der Betriebsversammlung unterschieden. Zu unterscheiden ist zunächst zwischen **regelmäßigen**, **zusätzlichen** und **außerordentlichen Betriebsversammlungen** (→ *Frage 16: Wie oft sind regelmäßige Betriebsversammlungen durchzuführen?*; → *Frage 17: Wann werden zusätzliche Betriebsversammlungen durchgeführt?*; → *Frage 18: Wann werden außerordentliche Betriebsversammlungen durchgeführt?*).

Jede Betriebsversammlung kann – bei Vorliegen der jeweiligen Voraussetzungen – als **Vollversammlung**, **Teilversammlung** oder **Abteilungsversammlung** durchgeführt werden.

Die Jugend- und Auszubildendenvertretung kann zudem gem. § 71 BetrVG eine **Jugend- und Auszubildendenversammlung** durchführen, die eine Form der Betriebsversammlung ist und gemeinsam mit einer solchen stattfinden muss.

Eine **Sonderform** der Betriebsversammlung ist die **Wahlversammlung** gem. § 17 Abs. 2 oder 14a Abs. 1 BetrVG.

7. Worin unterscheiden sich Voll- und Teilversammlung?

Grundsätzlich hat der BR Betriebsversammlungen als **Vollversammlung** durchzuführen. Eine Vollversammlung liegt vor, wenn eine Betriebsversammlung für die gesamte Belegschaft eines Betriebes in einem Termin durchgeführt werden soll. Dadurch soll eine gemeinsame Besprechung aller Angelegenheiten sichergestellt werden. Auch in **Gemeinschaftsbetrieben** gem. § 1 Abs. 2 BetrVG sind grds. Vollversammlungen durchzuführen.

Teilversammlungen liegen vor, wenn Betriebsversammlungen zum selben Gegenstand in mehreren Terminen für einen jeweils abgrenzbaren Teilnehmerkreis durchgeführt werden. Nach den gesetzlichen Vorgaben dürfen Teilversammlungen nur im **Ausnahmefall** durchgeführt werden (→ *Frage 40: Wann sind Teilversammlungen zulässig?*; → *Frage 9: Kann der Arbeitgeber die Durchführung von Teilversammlungen erzwingen?*).

8. Wer entscheidet, ob eine Voll- oder eine Teilversammlung durchgeführt wird?

Die Entscheidung, ob eine Betriebsversammlung als Voll- oder Teilversammlung durchgeführt wird, obliegt dem BR. Die Entscheidung wird durch Beschluss getroffen (→ *Frage 33: Braucht der Betriebsrat einen Einberufungsbeschluss?*).

Gem. § 42 Abs. 1 S. 3 BetrVG darf eine Teilversammlung nur dann durchgeführt werden, wenn aufgrund der **Eigenart des Betriebes** eine Versammlung aller Mitarbeiter zum gleichen Zeitpunkt ausscheidet (→ *Frage 40: Wann sind Teilversammlungen zulässig?*). Die Entscheidung trifft der BR nicht nach freiem Ermessen, er hat aber einen **Beurteilungsspielraum**.

Die Arbeitnehmer sind nicht berechtigt, die Durchführung von Teilversammlungen zu verlangen oder zu erzwingen.

9. Kann der Arbeitgeber die Durchführung von Teilversammlungen erzwingen?

Ob eine Voll- oder Teilversammlung stattfindet, obliegt grds. allein der Entscheidung des BR (→ *Frage 8: Wer entscheidet, ob eine Voll- oder eine Teilversammlung durchgeführt wird?*). Soweit aber die Eigenart des Betriebes eine Durchführung als Teilversammlung erforderlich macht, kann der Arbeitgeber die Durchführung einer Vollversammlung gerichtlich untersagen lassen (LAG Berlin-Brandenburg 8.4.2011 – 9 TaBV 2765/10). In diesem Fall wird geprüft, ob der BR zur Durchführung von Teilversammlungen verpflichtet ist.

Formulierungsmuster

Antrag des Arbeitgebers bei Gericht auf Untersagung einer Vollversammlung

Es wird festgestellt, dass der Beteiligte zu 2 (Betriebsrat) im Betrieb XY Betriebsversammlungen nicht in Form von Vollversammlungen für alle Beschäftigten durchführen und hierzu einladen darf.

10. Was ist der Unterschied zwischen regelmäßigen und zusätzlichen/außerordentlichen Betriebsversammlungen?

Der BR ist zur Durchführung **von vier regelmäßigen Betriebsversammlungen** im Kalenderjahr verpflichtet, § 43 Abs. 1 S. 1 BetrVG (→ *Frage 16: Wie oft sind regelmäßige Betriebsversammlungen durchzuführen?*). Unter den Voraussetzungen gem. § 43 Abs. 1 S. 4 BetrVG kann der BR einmal im Kalenderhalbjahr eine **zusätzliche Betriebsversammlung** durchführen. Schließlich kann der BR gem. § 43 Abs. 3 BetrVG berechtigt oder sogar verpflichtet sein, eine **außerordentliche Betriebsversammlung** einzuberufen.

Zu den Einzelheiten → *Muster 1: Übersicht der Unterschiede zwischen regelmäßigen, zusätzlichen und außerordentlichen Betriebsversammlungen*

Alle Betriebsversammlungen können – soweit die Voraussetzungen dafür erfüllt sind – als **Voll-, Teil- oder Abteilungsversammlung** durchgeführt werden.

11. Worin unterscheiden sich zusätzliche und außerordentliche Betriebsversammlungen?

Einmal pro Kalenderhalbjahr kann der BR eine **zusätzliche Betriebsversammlung** einberufen, wenn dies **aus besonderen Gründen zweckmäßig** erscheint. Im Grundsatz sollen alle Angelegenheiten auf den regelmäßigen Betriebsversammlungen erörtert werden. Besondere Gründe können daher sein:

- Besondere aktuelle Ereignisse, die einer zeitnahen Erörterung bedürfen (zB Einführung von Kurzarbeit),
- Planung einer Betriebsänderung gem. § 111 BetrVG, § 17 KSchG.

Es müssen in jedem Fall **bedeutende und dringende Angelegenheiten** behandelt werden. Die Entscheidung über eine zusätzliche Betriebsversammlung trifft der BR durch Beschluss nach pflichtgemäßem Ermessen (→ *Frage 17: Wann werden zusätzliche Betriebsversammlungen durchgeführt?*).

Die Zulässigkeit von **außerordentlichen Betriebsversammlungen** richtet sich nach § 43 Abs. 3 BetrVG. Im Unterschied zu regelmäßigen und zusätzlichen Versammlungen muss die Initiative zu außerordentlichen Betriebsversammlungen nicht vom BR ausgehen. Antragsberechtigt sind auch **¼ der wahlberechtigten Arbeitnehmer** oder der **Arbeitgeber**. Beantragen die Arbeitnehmer oder der Arbeitgeber eine außerordentliche Versammlung, ist der BR zur Einberufung verpflichtet. Daneben kann auch der BR selbst eine außerordentliche Betriebsversammlung einberufen (→ *Frage 18: Wann werden außerordentliche Betriebsversammlungen durchgeführt?*).

Für die Teilnahme an von Arbeitnehmern beantragten oder auf Veranlassung des BR anberaumten außerordentlichen Betriebsversammlungen besteht kein Entgeltanspruch (→ *Frage 95: Besteht ein Anspruch auf Vergütung nur für die Teilnahme an bestimmten Betriebsversammlungen?*). Ausnahmsweise kann ein solcher bestehen, wenn die außerordentliche Betriebsversammlung im Einvernehmen zwischen Arbeitgeber und BR während der Arbeitszeit der Arbeitnehmer stattfindet (→ *Frage 94: Haben Arbeitnehmer Anspruch auf eine Vergütung für die Dauer der Teilnahme an einer Betriebsversammlung?*).

Bei Vorliegen der Voraussetzungen können zusätzliche und außerordentliche Betriebsversammlungen auch als **Teil- oder Abteilungsversammlungen** durchgeführt werden. Besteht der Grund für eine außerordentliche Betriebsversammlung nur für einzelne Abteilungen ist die Versammlung auf diese Abteilungen zu begrenzen.

12. Was ist eine Abteilungsversammlung?

Gem. § 42 Abs. 2 BetrVG kann der BR Abteilungsversammlungen durchführen. Die Abteilungsversammlung tritt an die Stelle der Betriebsversammlung. Abteilungsversammlungen haben den Zweck, eine sachgerechtere Erörterung von Themen zu ermöglichen, die nur **bestimmte Abteilungen** betreffen und in einer Vollversammlung nicht sachgerecht besprochen werden können.

Abteilungsversammlungen können nur bei Erfüllung bestimmter Voraussetzungen einberufen werden (→ *Frage 41: Wann dürfen Abteilungsversammlungen einberufen werden?*).

13. Wann findet eine Wahlversammlung statt?

Eine Sonderrolle nimmt die **Betriebsversammlung zur Wahl eines Wahlvorstandes** ein. Bei dieser Versammlung handelt es sich nicht um eine vom BR nach §§ 42 ff. BetrVG einzuberufende Betriebsversammlung. Vielmehr eröffnet eine solche Versammlung in einem betriebsratsfähigen, aber bislang betriebsratslosen Betrieb die Möglichkeit zur Wahl eines Wahlvorstandes, der dann eine BR-Wahl in diesem Betrieb durchführen kann.

In Betrieben ohne BR, die aber die Voraussetzung für die Wahl eines BR gem. § 1 Abs. 1 BetrVG erfüllen, wird ein Wahlvorstand grds. durch den zuständigen GBR oder KBR eingesetzt. Besteht kein GBR oder KBR oder unterlässt dieser die Bestellung eines Wahlvorstandes, können

- **drei wahlberechtigte Arbeitnehmer** oder
- eine im Betrieb vertretene **Gewerkschaft**

zu einer Wahlversammlung zur Wahl eines Wahlvorstandes einladen und zugleich Vorschläge für die Zusammensetzung des Wahlvorstandes machen (§ 17 Abs. 3 BetrVG → *Frage 42: Was ist bei der Einberufung von Wahlversammlungen zu beachten?*). Auf der Wahlversammlung kann dann ein **Wahlvorstand** bestellt werden, der eine Betriebsratswahl einleitet. Für die Arbeitnehmer des Betriebes besteht **keine Pflicht** zur Einladung zu einer Wahlversammlung.

Ein bestehender GBR oder KBR kann bis zum Abschluss der Wahl eines Wahlvorstandes auf einer Betriebsversammlung auch noch selbst einen Wahlvorstand bestimmen. Es gilt insoweit das Prioritätsprinzip, dh der zuerst wirksam bestellte Wahlvorstand ist im Amt.

Praxistipp

Sofern ein GBR oder KBR besteht und Arbeitnehmer eines Betriebes die Einberufung einer Wahlversammlung beabsichtigen, sollte zuvor der GBR oder KBR konsultiert werden, ob dieser nicht selbst eine Einsetzung beabsichtigt. So kann ein „Wettlauf" bei der Bestellung des Wahlvorstandes vermieden werden.

Wie bereits der Wortlaut des Gesetzes verdeutlicht, wird hier eine **Einladungsberechtigung,** aber **keine Einladungspflicht** geregelt.

Für **Kleinbetriebe** ist die Wahlversammlung in § 17a iVm § 14a BetrVG geregelt, wobei dieselben Voraussetzungen gelten.

II. Ort, Zeitpunkt, Häufigkeit und Dauer der Betriebsversammlung

Die Planung der Durchführung von Betriebsversammlungen erfordert u. a. die Festlegung von Ort und Zeitpunkt der Versammlung. Dieses Kapitel geht auf die damit verbundenen Fragestellungen sowie auf die Frage ein, wie oft Betriebsversammlungen durchgeführt werden können oder sogar müssen. Darüber hinaus wird auch die Frage einer Mindest- und Höchstdauer einer Betriebsversammlung behandelt.

14. Müssen Betriebsversammlungen auf dem Betriebsgelände durchgeführt werden?

Der BR bestimmt mit dem **Einberufungsbeschluss** auch den Ort der Betriebsversammlung (→ *Frage 34: Wie wird eine Betriebsversammlung einberufen?*; → *Muster 2: Checkliste zur Einberufung und Durchführung einer regelmäßigen Betriebsversammlung*). Der Versammlungsort ist im Gesetz nicht näher beschrieben. Im Hinblick auf die Nähe zum Betriebsgeschehen ist die Versammlung aber regelmäßig in geschlossenen Räumlichkeiten (→ *Frage 44: Sind Betriebsversammlungen öffentlich?*) durchzuführen, die sich auf dem **Betriebsgelände** befinden (Fitting BetrVG § 42 Rn. 31; zur Zulässigkeit virtueller Betriebsversammlungen → *Frage 65: Sind virtuelle bzw. hybride Betriebsversammlungen zulässig?*).

Nur wenn für den Tag der Betriebsversammlung kein geeigneter Raum (→ *Frage 15: Muss dem Betriebsrat ein bestimmter Raum für die Betriebsversammlung zur Verfügung gestellt werden?*) vorhanden bzw. verfügbar ist, kann die Betriebsversammlung **außerhalb des Betriebsgeländes** stattfinden (Fitting BetrVG § 42 Rn. 31a). In diesem Fall hat der Arbeitgeber einen außerhalb des Betriebsgeländes gelegenen geeigneten Versammlungsraum zur Verfügung zu stellen und ggf. anzumieten (zur Kostentragung → *Frage 89: Muss der Arbeitgeber die Kosten für die Anmietung eines externen Versammlungsraums übernehmen?*).

Steht für die Betriebsversammlung kein geeigneter Raum auf dem Betriebsgelände zur Verfügung oder weigert sich der Arbeitgeber, einen geeigneten Raum zur Verfügung zu stellen bzw. anzumieten, kann der BR hier auch selbst die **Anmietung** der Räume vornehmen (in diesem Sinne etwa Fitting BetrVG § 42 Rn. 31a; aA Richardi BetrVG/Annuß § 42 Rn. 18). Der BR kann dafür vom Arbeitgeber auch die Zahlung eines angemessenen Kostenvorschusses beanspruchen und diesen im Einzelfall auch gerichtlich durchsetzen (→ *Frage 91: Wie kann der Betriebsrat die Übernahme der Kosten einer Betriebsversammlung durchsetzen?*).

15. Muss dem Betriebsrat ein bestimmter Raum für die Betriebsversammlung zur Verfügung gestellt werden?

Der BR hat ggü. dem Arbeitgeber in entsprechender Anwendung von § 40 Abs. 2 BetrVG einen Anspruch darauf, dass für die Betriebsversammlung auf dem Betriebsgelände (→ *Frage 14: Müssen Betriebsversammlungen auf dem Betriebsgelände durchgeführt werden?*) **ein geeigneter Raum** zur Verfügung gestellt wird. Der Raum muss so beschaffen sein, dass dort die Betriebsversammlung ordnungsgemäß durchgeführt werden kann. Dazu bedarf es eines Raumes mit

- ausreichender **Größe, Beleuchtung, Belüftung, Raumtemperatur** sowie
- funktionsgerechter **Ausstattung** (zB hinreichende Bestuhlung, Lautsprecher bzw. Präsentationstechnik (LAG Hessen 10.10.2013 – 5 TaBV 323/12 Rn. 15; MHdB-ArbR/Lunk § 299 Rn. 23).

Die Räumlichkeiten müssen so beschaffen sein, dass alle teilnahmeberechtigten Personen dort zusammenkommen, miteinander kommunizieren und diskutieren können, und das bei allseitiger Sicht- und Hörbarkeit (LAG Hamm 5.10.2020 – 13 TaBVGa 16/20 Rn. 7).

Da der Arbeitgeber analog § 40 Abs. 2 BetrVG nur verpflichtet ist, „im erforderlichen Umfang" Räume zur Verfügung zu stellen, hat der BR grds. keinen Anspruch auf einen bestimmten Raum (LAG Hessen 10.10.2013 – 5 TaBV 323/12 Rn. 15; Fitting BetrVG § 42 Rn. 31). Daraus folgt, dass der BR grds. nicht befugt ist, den Raum, in dem die Betriebsversammlung stattfinden soll, in eigener Verantwortung, ohne oder gegen den Willen des Arbeitgebers auszuwählen (LAG Hessen 12.6.2012 – 16 TaBVGa 149/12 Rn. 18). Stehen **mehrere geeignete Räume** zur Verfügung, kann im Regelfall allein der Arbeitgeber darüber entscheiden, welchen der Räume er für die Betriebsversammlung bereitstellt (LAG Hessen 10.10.2013 – 5 TaBV 323/12 Rn. 15). Dabei hat er allerdings das Gebot der vertrauensvollen Zusammenarbeit zu beachten (Fitting BetrVG § 42 Rn. 31).

Unterlässt es der Arbeitgeber pflichtwidrig, einen geeigneten Raum für die Betriebsversammlung zur Verfügung zu stellen, dann kann der BR seinen Anspruch auf Bereitstellung eines geeigneten Versammlungsraums gerichtlich verfolgen (zur Anmietung externer Räume → *Frage 14: Müssen Betriebsversammlungen auf dem Betriebsgelände durchgeführt werden?*). Im Regelfall besteht hier die für eine **einstweilige Verfügung** erforderliche Dringlichkeit, da die Betriebsversammlung, für die ein Versammlungsort benötigt wird, regelmäßig unmittelbar bevorsteht (LAG Hessen 12.6.2012 – 16 TaBVGa 149/12 Rn. 15).

Formulierungsmuster

Antrag bei Gericht zur Durchsetzung des Anspruchs auf Bereitstellung eines geeigneten Versammlungsortes

Der/Dem Beteiligten zu 2 (Arbeitgeber) wird im Wege der einstweiligen Verfügung aufgegeben, dem Beteiligten zu 1 (Betriebsrat) zur Durchführung einer regelmäßigen Betriebsversammlung im …… Quartal des laufenden Kalenderjahres – und zwar am ……(Datum) – einen Raum auf dem Betriebsgelände der Beteiligten zu 2, hilfsweise außerhalb des Betriebsgeländes, mit folgender Ausstattung zur Verfügung zu stellen:

- *Bestuhlung für bis zu …… (Anzahl) Personen,*
- *……*

16. Wie oft sind regelmäßige Betriebsversammlungen durchzuführen?

Insoweit ist zwischen folgenden Arten der Betriebsversammlung zu unterscheiden:

- regelmäßige Betriebsversammlungen (§ 43 Abs. 1 S. 1 BetrVG),
- zusätzliche Betriebsversammlungen aus besonderem Grund (§ 43 Abs. 1 S. 4 BetrVG)
- ohne Antrag einberufene außerordentliche Betriebsversammlungen (§ 43 Abs. 3 S. 1 BetrVG)
- auf Antrag einberufene außerordentliche Betriebsversammlungen (§ 43 Abs. 3 S. 1 BetrVG) (→ *Frage 11: Worin unterscheiden sich zusätzliche und außerordentliche Betriebsversammlungen?*)
- Betriebsversammlung zur Wahl eines Wahlvorstandes (→ *Frage 13: Wann findet eine Wahlversammlung statt?*).

Der BR hat gem. § 43 Abs. 1 S. 1 BetrVG „einmal in jedem Kalendervierteljahr“ eine Betriebsversammlung einzuberufen (sog. **regelmäßige Betriebsversammlung** → *Frage 6: Welche Arten von Betriebsversammlungen gibt es?*). Dabei stellt das Gesetz auf das „Kalendervierteljahr“ (Quartal) und damit auf folgende Zeiträume des jeweiligen Kalenderjahres ab:

- 1.1. – 31.3.
- 1.4. – 30.6.
- 1.7. – 30.9. und
- 1.10. – 31.12.

Dies bedeutet, dass

- in den zuvor aufgeführten Quartalszeiträumen **je eine Betriebsversammlung pro Quartal** und damit
- pro Kalenderjahr insgesamt **vier Betriebsversammlungen**

durchgeführt werden müssen, um die gesetzliche Vorgabe nach § 43 Abs. 1 S. 1 BetrVG zu erfüllen und die nachteiligen **Folgen eines Gesetzesverstoßes** (→ *Frage 19: Was kann passieren, wenn Betriebsversammlungen nicht oder nicht oft genug stattfinden?*) zu vermeiden (dazu sowie zur erstmaligen **Einberufungspflicht nach BR-Wahl** → *Frage 32: Gibt es eine Pflicht des Betriebsrats zur Durchführung von Betriebsversammlungen?*).

Beispiel

Im gesamten Kalenderjahr 2024 werden insgesamt vier Betriebsversammlungen durchgeführt, und zwar zwei Betriebsversammlungen im April und Mai und zwei weitere Betriebsversammlungen im August und Oktober 2024. In diesem Beispielsfall wurde im 1. Quartal (1.1.–31.3.2024) keine Betriebsversammlung durchgeführt. Dies entspricht nicht den Vorgaben nach § 43 Abs. 1 S. 1 BetrVG. Anders wäre dies dagegen zu bewerten, wenn eine der beiden Betriebsversammlungen vom April bereits einen Monat vorher, im März 2023 und damit im 1. Quartal, durchgeführt worden wäre. Dann hätte der BR in allen vier Quartalen des Kalenderjahres jeweils eine Betriebsversammlung durchgeführt.

Soweit **zwingende Gründe** einer rechtzeitigen Einberufung der Betriebsversammlung entgegenstehen, muss die Einberufung unverzüglich nach Wegfall des Hinderungsgrundes erfolgen (Fitting BetrVG § 43 Rn. 59).

In einem **gemeinsamen Betrieb** ist eine einheitliche Betriebsversammlung durchzuführen (zur Berichtspflicht → *Frage 73: Wann und wie muss der Arbeitgeber auf einer Betriebsversammlung Bericht erstatten?*). An dieser sind allerdings nur diejenigen Arbeitnehmer teilnahmeberechtigt, die dem gemeinsamen Betrieb angehören (→ *Frage 45: Wer gehört zum teilnahmeberechtigten Personenkreis?*).

Sind die Voraussetzungen für die Abhaltung von **Abteilungsversammlungen** nach § 42 Abs. 2 S. 1 BetrVG erfüllt (→ *Frage 12: Was ist eine Abteilungsversammlung?*; → *Frage 41: Wann dürfen Abteilungsversammlungen einberufen werden?*), müssen von den vier jährlichen Versammlungen zwei als Betriebsversammlung aller Arbeitnehmer und die restlichen zwei als Abteilungsversammlung durchgeführt werden (§ 43 Abs. 1 S. 2 BetrVG).

17. Wann werden zusätzliche Betriebsversammlungen durchgeführt?

Neben den zwingend vorgeschriebenen regelmäßigen Betriebs- und Abteilungsversammlungen „kann“ (es besteht also dazu keine Pflicht!) der BR gem. § 43 Abs. 1 S. 4 BetrVG darüber hinaus einmal pro **Kalenderhalbjahr** eine **zusätzliche Betriebs-/Abteilungsversammlung**, dh

- eine weitere Betriebsversammlung oder
- unter den Voraussetzungen des § 42 Abs. 2 S. 1 BetrVG (→ *Frage 12: Was ist eine Abteilungsversammlung?*; → *Frage 41: Wann dürfen Abteilungsversammlungen einberufen werden?*) eine weitere Abteilungsversammlung

durchführen, wenn dies **aus besonderen Gründen** zweckmäßig erscheint. Es muss **ein außergewöhnliches Vorkommnis** vorliegen, das den Betrieb und dessen Belegschaft berührt und zu einem Bedürfnis nach zusätzlicher Information und zusätzlichem Meinungsaustausch der Belegschaft führt (BAG 23.10.1991 – 7 AZR 249/90). Der BR hat bei der Bewertung zwar einen Ermessenspielraum; im Streitfall ist aber zu prüfen, ob ein besonderer Grund objektiv vorlag (BAG 23.10.1991 – 7 AZR 249/90). Die im Rahmen der zusätzlichen Versammlung zu erörternde Angelegenheit muss auch unter Berücksichtigung anderer Informationsmöglichkeiten (zB mittels Rundschreiben, Aushängen bzw. Veröffentlichungen am „schwarzen Brett" des BR) so **bedeutend und dringend** sein, dass sie nicht bis zur nächsten regelmäßigen Betriebsversammlung aufgeschoben werden kann (BAG 23.10.1991 – 7 AZR 249/90; hier: zusätzliche Versammlung knapp ein Monat vor der nächsten regelmäßigen Betriebsversammlung). Besteht kein dringendes Informationsbedürfnis, dann liegt auch kein besonderer Grund iSv § 43 Abs. 1 S. 4 BetrVG vor. Ein besonderer Grund kann insbesondere in einem der folgenden **Beispielsfälle** gegeben sein (Fitting BetrVG § 43 Rn. 35):

- Information über den bevorstehenden Abschluss wichtiger Betriebsvereinbarungen,
- Umstellung der Produktion,
- Liquidations- bzw. Absatzschwierigkeiten,
- Massenentlassungen bzw. Kurzarbeit,
- (drohende) Stilllegung oder Verlagerung des Betriebes bzw. von Betriebsteilen, sobald entsprechende, hinreichend konkrete Konzepte vorliegen, über die diskutiert werden kann (BAG 23.10.1991 – 7 AZR 249/90),
- Wechsel des Betriebsinhabers.

Dagegen liegt im Regelfall kein besonderer Grund für eine zusätzliche Betriebsversammlung vor, wenn lediglich über den **Stand von Tarifvertragsverhandlungen** berichtet werden soll (ArbG Wilhelmshaven 27.10.1988 – 1 BVGa 5/88; Richardi BetrVG/Annuß BetrVG § 45 Rn. 12; aA ArbG Oldenburg 29.5.1989 – 5 BVGa 1/89).

Praxistipp

Der BR sollte vor Einberufung einer zusätzlichen Betriebsversammlung nicht nur prüfen, inwieweit ein außergewöhnliches Vorkommnis vorliegt, das den Betrieb und dessen Belegschaft berührt und zu einem Bedürfnis nach zusätzlicher Information und zusätzlichem Meinungsaustausch der Belegschaft führt. Insbesondere ist in den Blick zu nehmen, wann die nächste regelmäßige Betriebsversammlung stattfindet und die bestehende Dringlichkeit keinen Aufschub bis dahin zulässt. Wird eine zusätzliche Betriebsversammlung durchgeführt, obwohl objektiv kein besonderer Grund iSv § 43 Abs. 1 S. 4 BetrVG vorliegt, dann besteht kein Vergütungsanspruch der teilnehmenden Arbeitnehmer (→ Frage 94: Haben Arbeitnehmer Anspruch auf eine Vergütung für die Dauer der Teilnahme an einer Betriebsversammlung?).

18. Wann werden außerordentliche Betriebsversammlungen durchgeführt?

Gem. § 43 Abs. 3 S. 1 BetrVG ist der BR außerhalb der regelmäßigen sowie zusätzlichen Betriebsversammlungen „berechtigt" (der BR ist also auch hier nicht dazu verpflichtet), **außerordentliche Betriebsversammlungen** einzuberufen, ohne dass dies vom Arbeitgeber oder den Arbeitnehmern beantragt wurde. Auch wenn dies vom Gesetz nicht ausdrücklich verlangt wird, muss für diese ohne Antrag einberufene außerordentliche Betriebsversammlung ein besonderer Grund vorliegen (Fitting BetrVG § 43 Rn. 38). Insoweit gelten die bereits zuvor beschriebenen Anforderungen an den besonderen Grund für eine zusätzliche Betriebsversammlung nach § 43 Abs. 1 S. 4 BetrVG. Die in der außerordentlichen Betriebsversammlung zu erörternde Angelegenheit muss also auch hier so **bedeutend und dringend** sein, dass sie nicht bis zur nächsten regelmäßigen Betriebsversammlung aufgeschoben werden kann.

Darüber hinaus sieht § 43 Abs. 3 S. 1 BetrVG die **auf Antrag einberufene außerordentliche Betriebsversammlung** vor. Eine solche Betriebsversammlung erfordert einen entsprechenden Antrag des Arbeitgebers oder von ¼ der wahlberechtigten Arbeitnehmer. Weitere Voraussetzungen müssen nicht erfüllt sein. Insbesondere muss kein **besonderer Grund** für die beantragte außerordentliche Betriebsversammlung vorliegen. Aus Arbeitgebersicht könnte sich ein Bedürfnis für die Einberufung einer außerordentlichen Betriebsversammlung ergeben, falls der BR bislang keine regelmäßigen Betriebsversammlungen durchgeführt und dem Arbeitgeber damit nicht die Gelegenheit eingeräumt hat, dort seine Berichtspflicht aus § 43 Abs. 2 S. 3 BetrVG zu erfüllen (→ *Frage 73: Wann und wie muss der Arbeitgeber auf einer Betriebsversammlung Bericht erstatten?*)

19. Was kann passieren, wenn Betriebsversammlungen nicht oder nicht oft genug stattfinden?

Der BR handelt pflichtwidrig, wenn er es unterlässt, **regelmäßige Betriebsversammlungen** nach § 43 Abs. 1 S. 1 BetrVG (→ *Frage 16: Wie oft sind regelmäßige Betriebsversammlungen durchzuführen?*) einzuberufen (LAG Baden-Württemberg 13.3.2014 – 6 TaBV 5/13).

Dies gilt selbst dann, wenn der Arbeitgeber den Arbeitnehmern für die Nichtdurchführung der Betriebsversammlung besondere Leistungen gewährt (Fitting BetrVG § 43 Rn. 10). Das grundlose Unterlassen der Durchführung regelmäßiger Betriebsversammlungen kann im Wiederholungsfall als grobe **Verletzung der gesetzlichen Pflichten** des BR eingestuft werden und zu dessen Auflösung nach § 23 Abs. 1 BetrVG führen (Fitting BetrVG § 23 Rn. 37, § 43 Rn. 10). Etwas anderes kann nur dann angenommen werden, wenn **zwingende Gründe** einer rechtzeitigen Einberufung der Betriebsversammlung entgegenstehen. In diesem Falle muss die Einberufung unverzüglich nach Wegfall des Hinderungsgrundes erfolgen (Fitting BetrVG § 43 Rn. 59).

Ein Auflösungsrecht nach § 23 Abs. 1 BetrVG kann auch dann bestehen, wenn sich der BR nach Eingang eines (ordnungsgemäßen) Antrags des Arbeitgebers bzw. von mind. ¼ der wahlberechtigten Arbeitnehmer gem. § 43 Abs. 3 S. 1 BetrVG unberechtigt weigert, seine Pflicht zur Einberufung der beantragten **außerordentlichen Betriebsversammlung** (→ *Frage 11: Worin unterscheiden sich zusätzliche und außerordentliche Betriebsversammlungen?*; → *Frage 18: Wann werden außerordentliche Betriebsversammlungen durchgeführt?*) zu erfüllen (Fitting BetrVG § 23 Rn. 37, § 43 Rn. 43, 59).

Ungeachtet dessen stellt sich die Frage, wie der jeweilige Antragsteller (Arbeitgeber oder mind. ¼ der wahlberechtigten Arbeitnehmer) sein Antragsrecht weiterverfolgen kann. Gesichert ist, dass die Antragsteller daran gehindert sind, die beantragte Betriebsversammlung selbst einzuberufen (GK-BetrVG/Weber § 43 Rn. 42). Denkbar ist allerdings, den mit dem Antragsrecht aus § 43 Abs. 3 S. 1 BetrVG verbundenen Anspruch auf Einberufung einer außerordentlichen Betriebsversammlung gerichtlich, bei bestehender Dringlichkeit auch mittels **einstweiliger Verfügung**, zu verfolgen. Antragsberechtigt wäre der Antragsteller, dh der Arbeitgeber oder mind. ¼ der wahlberechtigten Arbeitnehmer (vgl. Lunk, Die Betriebsversammlung S. 219 ff.)

Formulierungsmuster

Antrag des Arbeitgebers bei Gericht auf Einberufung einer außerordentlichen Betriebsversammlung (einstweilige Verfügung)

Der Beteiligten zu 2 (Betriebsrat) wird im Wege der einstweiligen Verfügung aufgegeben, eine außerordentliche Betriebsversammlung einzuberufen und dabei folgenden Beratungsgegenstand auf die Tagesordnung zu setzen: ......

Soweit eine **im Betrieb vertretene Gewerkschaft** feststellt, dass in einem Betrieb

- im **vorhergegangenen Kalenderhalbjahr** – also vom 1.1. bis 30.6. oder vom 1.7. des 31.12. des jeweiligen Kalenderjahres –
- überhaupt **keine Betriebsversammlung** (umstritten ist, ob hier nur regelmäßige Betriebsversammlungen oder auch zusätzliche bzw. außerordentliche Betriebsversammlungen zählen (Fitting BetrVG § 43 Rn. 56, wonach auch die letztgenannten Betriebsversammlungen mitzählen, soweit auf diesen ein Tätigkeitsbericht des BR erstattet wurde)

stattgefunden hat, kann sie nach § 43 Abs. 4 BetrVG die Durchführung einer regelmäßigen Betriebsversammlung nach § 43 Abs. 1 S. 1 BetrVG beantragen. Der **Antrag der Gewerkschaft** ist beim BR einzureichen. Er bedarf keiner besonderen Form und auch keiner gesonderten Begründung. Es genügt, wenn er mündlich gestellt wird (Fitting BetrVG § 43 Rn. 55).

Formulierungsmuster

Antrag der Gewerkschaft auf Durchführung einer Betriebsversammlung

Gewerkschaft

An den Betriebsrat

z. Hd. der/des Betriebsratsvorsitzenden

(Ort, Datum)

Einberufung einer Betriebsversammlung

Liebe Kollegen und Kolleginnen,

nach § 43 Abs. 1 BetrVG hat der Betriebsrat dafür Sorge zu tragen, dass in jedem Kalendervierteljahr eine ordentliche Betriebsversammlung durchgeführt wird. Wir mussten feststellen, dass in Eurem Betrieb im letzten Kalenderhalbjahr, dh im Zeitraum vom ...... bis ...... keine Betriebsversammlung durchgeführt wurde. Die Durchführung der regelmäßigen Betriebsversammlungen ist unerlässlich zum Meinungsaustausch und zur Kommunikation zwischen dem Betriebsrat und der Belegschaft sowie innerhalb der Belegschaft.

Daher stellen wir hiermit nach § 43 Abs. 4 BetrVG den Antrag, unverzüglich, spätestens innerhalb von 2 Wochen, nach Eingang dieses Antrages eine Betriebsversammlung nach § 43 Abs. 1 S. 1 BetrVG einzuberufen. Wir weisen vorsorglich darauf hin, dass das pflichtwidrige Unterlassen der gesetzlich vorgeschriebenen Betriebsversammlungen wie auch ein pflichtwidriges Ignorieren unseres Antrages als Verletzung der gesetzlichen Pflichten des Betriebsrats im Sinne von § 23 Abs. 1 BetrVG bewertet werden kann.

Bitte gebt uns zeitnah eine Rückmeldung, wann die von uns beantragte Betriebsversammlung stattfindet.

Viele Grüße

Unterschrift Gewerkschaft

Der BR ist nach Erhalt eines derartigen Antrages verpflichtet, innerhalb von zwei Wochen nach Antragseingang eine Betriebsversammlung nach § 43 Abs. 1 S. 1 BetrVG einzuberufen (§ 43 Abs. 4 BetrVG). Dies bedeutet nicht, dass die Versammlung auch **innerhalb dieser zwei Wochen** durchgeführt werden muss. Ausreichend, aber auch erforderlich ist, dass der BR innerhalb dieses Zeitraums zu der Betriebsversammlung (die dann zu einem späteren, aber nicht allzu fernen Zeitpunkt stattfinden kann) **einlädt** (Fitting BetrVG § 43 Rn 56).

Kommt der BR einem Antrag der Gewerkschaft nach § 43 Abs. 4 BetrVG pflichtwidrig nicht nach, dann kann die Gewerkschaft ihr Antragsrecht gerichtlich, auch mittels **einstweiliger Verfügung**, verfolgen (Fitting BetrVG § 43 Rn. 55). Darüber hinaus kann die nachhaltige und pflichtwidrige Nichteinberufung einer von der Gewerkschaft beantragten Betriebsversammlung als grobe Pflichtverletzung eingestuft werden und ebenfalls ein **Auflösungsrecht** nach § 23 Abs. 1 BetrVG begründen (LAG Baden-Württemberg 13.3.2014 – 6 TaBV 5/13; Fitting BetrVG § 23 Rn. 37).

Unklar ist, ob neben der im Betrieb vertretenen Gewerkschaft auch die Arbeitnehmer ggü. dem BR einen gerichtlich durchsetzbaren **Anspruch auf Durchführung der regelmäßigen Betriebsversammlungen** geltend machen können. Gegen einen solchen Anspruch lässt sich einwenden, dass der Gesetzgeber mit § 43 Abs. 4 BetrVG ein Antragsrecht für den Fall pflichtwidrig unterlassener regelmäßiger Betriebsversammlungen lediglich für die im Betrieb vertretenen Gewerkschaften vorgesehen hat (aA Lunk Die Betriebsversammlung S. 220, der allerdings darauf hinweist, dass ein solcher Antrag erfordert, dass er von mind. ¼ der wahlberechtigten Arbeitnehmer des Betriebs gestellt wird).

20. Kann die Durchführung einer Betriebsversammlung erzwungen werden?

Auch hier ist zwischen den verschiedenen Arten von Betriebsversammlungen zu unterscheiden:

Soweit es der BR über einen Zeitraum von einem Kalenderhalbjahr – oder sogar länger – unterlässt, **regelmäßige Betriebsversammlungen** nach § 43 Abs. 1 S. 1 BetrVG durchzuführen, kann jede im Betrieb vertretene **Gewerkschaft** gem. § 43 Abs. 4 BetrVG die Durchführung einer regelmäßigen Betriebsversammlung beantragen. Der BR ist dann verpflichtet, eine solche Betriebsversammlung innerhalb von zwei Wochen nach Antragseingang einzuberufen. Kommt er dem nicht nach, kann er dazu – auch mittels einstweiliger Verfügung – gezwungen werden (→ *Frage 19: Was kann passieren, wenn Betriebsversammlungen nicht oder nicht oft genug stattfinden?*).

Darüber hinaus kann auch die Durchführung einer auf Antrag des Arbeitgebers bzw. von mind. ¼ der wahlberechtigten Arbeitnehmer durchzuführenden **außerordentlichen Betriebsversammlung** (vgl. § 43 Abs. 3 S. 1 BetrVG) von dem jeweiligen Antragsteller erzwungen werden (→ *Frage 19: Was kann passieren, wenn Betriebsversammlungen nicht oder nicht oft genug stattfinden?*).

Dagegen ist die Durchführung der folgenden Betriebsversammlungen nicht verpflichtend und damit auch nicht erzwingbar:

- **zusätzliche Betriebsversammlungen** aus besonderem Grund (§ 43 Abs. 1 S. 4 BetrVG; → *Frage 17: Wann werden zusätzliche Betriebsversammlungen durchgeführt?*) und
- vom BR **ohne Antrag einberufene außerordentliche Betriebsversammlungen** (§ 43 Abs. 3 S. 1 BetrVG; → *Frage 18: Wann werden außerordentliche Betriebsversammlungen durchgeführt?*).

21. Welche Betriebsversammlungen finden während der Arbeitszeit statt?

Folgende Betriebsversammlungen finden grds. **während der Arbeitszeit** statt (vgl. § 44 Abs. 1 S. 1 BetrVG):

- **regelmäßige** Betriebsversammlungen (§ 43 Abs. 1 S. 1 BetrVG),
- **zusätzliche** Betriebsversammlungen aus besonderem Grund (§ 43 Abs. 1 S. 4 BetrVG; → *Frage 11: Worin unterscheiden sich zusätzliche und außerordentliche Betriebsversammlungen?*),
- **auf Antrag (Wunsch) des Arbeitgebers einberufene außerordentliche** Betriebsversammlungen (§ 43 Abs. 3 S. 1 BetrVG; → *Frage 18: Wann werden außerordentliche Betriebsversammlungen durchgeführt?* → *Frage 36: Wie können Arbeitnehmer und Arbeitgeber eine außerordentliche Betriebsversammlung herbeiführen?*),
- Betriebsversammlung zur **Wahl eines Wahlvorstandes** (→ *Frage 13: Wann findet eine Wahlversammlung statt?*).

Daher haben hier der BR bzw. die Einladenden die jeweilige Betriebsversammlung grds. in die Arbeitszeit zu legen. Die Vorschrift bezweckt, dass möglichst vielen teilnahmeberechtigten Arbeitnehmern eine Teilnahme an der Betriebsversammlung ohne weiteren (Zeit-)Aufwand und (Reise-)Kosten ermöglicht werden soll. Daher ist auf die **betriebliche Arbeitszeit** abzustellen. Darunter ist die Zeit zu verstehen, in der jedenfalls ein wesentlicher Teil der Belegschaft arbeitet (BAG 27.11.1987 – 7 AZR 29/87; Fitting BetrVG § 44 Rn. 8). Wird im Betrieb in Gleitzeit gearbeitet, dann kann und sollte der BR die Betriebsversammlung grds. in die **Kernarbeitszeit** legen (Fitting BetrVG § 44 Rn. 8).

Der BR legt den Zeitpunkt der Betriebsversammlung (Tag und Stunde) durch Beschluss fest, ohne dass er dafür die **Zustimmung des Arbeitgebers** benötigt (→ *Frage 34: Wie wird eine Betriebsversammlung einberufen?*). Allerdings hat der BR bei der Festlegung des Versammlungszeitpunkts die **betrieblichen Notwendigkeiten** zu berücksichtigen (vgl. § 2 Abs. 1 BetrVG). Um Umsatzeinbußen bzw. sonstige Beeinträchtigungen berechtigter Arbeitgeberinteressen – darunter fällt insbesondere das Interesse am möglichst ungestörten Betriebsablauf – möglichst gering zu halten, kann es daher geboten sein, Betriebsversammlungen

- gegen Ende der betrieblichen Arbeitszeit bzw.
- bei Betrieben mit Publikumsverkehr außerhalb der Öffnungszeiten bzw.
- in umsatzschwachen Stunden durchzuführen (Fitting BetrVG § 44 Rn. 10).

Beispiel

In Betrieben des Einzelhandels, in denen die Arbeitszeit im Wesentlichen mit den Öffnungszeiten zusammenfällt, führt die Abhaltung einer Betriebsversammlung regelmäßig zur Schließung des Geschäftsbetriebes. Dies wird dem Arbeitgeber in umsatzschwächeren Geschäftszeiten im Regelfall zuzumuten sein. Dagegen können in Hauptgeschäftszeiten oder während der „Saison" zB freitags oder samstags oder während des Weihnachts- oder Ostergeschäfts oder der Schlussverkäufe betriebliche Notwendigkeiten bestehen, die einer Betriebsversammlung während dieser Hauptgeschäftszeiten entgegenstehen (Fitting BetrVG § 44 Rn. 18 mwN).

Im **Mehrschichtbetrieb** kann der BR gehalten sein, die Betriebsversammlung auf die Schnittstelle zwischen den beiden Schichten zu legen, in denen der Großteil der teilnahmeberechtigten Arbeitnehmer beschäftigt wird (LAG Schleswig-Holstein 30.5.1991 – 4 TaBV 12/91; Fitting BetrVG § 44

Rn. 11). Hier kann auch die Durchführung von **Teilversammlungen** in Betracht kommen (→ *Frage 40: Wann sind Teilversammlungen zulässig?*).

Eine Ausnahme von der Pflicht, die o. g. Betriebsversammlungen während der Arbeitszeit abzuhalten, sieht das Gesetz (§ 44 Abs. 1 S. 1 BetrVG) dann vor, wenn "die Eigenart des Betriebs eine andere Regelung zwingend erfordert". Hier gelten strenge Anforderungen (→ *Frage 22: Wann können/müssen Betriebsversammlungen außerhalb der Arbeitszeit stattfinden?*).

22. Wann können/müssen Betriebsversammlungen außerhalb der Arbeitszeit stattfinden?

Eine Ausnahme von der Pflicht, die o. g. Betriebsversammlungen während der Arbeitszeit abzuhalten sieht das Gesetz dann vor, wenn „die **Eigenart des Betriebs** eine andere Regelung zwingend erfordert" (vgl. § 44 Abs. 1 S. 1 BetrVG). Hier gelten strenge Anforderungen. Dies erfordert keine schlechthin technische Unmöglichkeit. Die Eigenart des Betriebes erfordert dann zwingend eine Durchführung der Betriebsversammlung außerhalb der Arbeitszeit, wenn sich dies aus den **organisatorisch-technischen Besonderheiten** des jeweiligen Betriebes ergibt (Fitting BetrVG § 44 Rn. 17).

Beispiel

In einem vom BAG am 26.10.1956 – 1 ABR 26/54 entschiedenen Fall wurde darauf hingewiesen, dass ein zwingendes Erfordernis für die Abhaltung der Betriebsversammlung außerhalb der Arbeitszeit dann vorliegt, wenn eine während der betrieblichen Arbeitszeit abgehaltene Betriebsversammlung die Stilllegung des Betriebes für einen ganzen Tag zur Folge hätte.

Im Einzelfall kann auch eine **wirtschaftliche Unzumutbarkeit** die Durchführung der Betriebsversammlung außerhalb der Arbeitszeit notwendig machen (Fitting BetrVG § 44 Rn. 17). Eine Eigenart des Betriebes kann etwa darin zu sehen sein, dass der Betrieb Bestandteil einer Lieferkette ist und eine Betriebsversammlung im Einzelfall zur **Unterbrechung von Lieferketten** führen kann und die damit verbundenen wirtschaftlichen Belastungen im Einzelfall die Durchführung der Betriebsversammlung außerhalb der Arbeitszeit als zwingend notwendig erscheinen lassen (MHdB-ArbR/Lunk § 299 Rn. 18).

Es ist auch denkbar, dass **Besonderheiten der betrieblichen Arbeitszeitgestaltung** (zB im Mehrschichtbetrieb oder die Beschäftigung einer Vielzahl von Teilzeitarbeitnehmern) zur Eigenart eines Betriebes gehören können, die die Durchführung einer regelmäßigen Betriebsversammlung außerhalb der Arbeitszeit zwingend erfordern. Dies setzt aber voraus, dass vom BR kein Zeitraum gefunden werden kann, der innerhalb der Arbeitszeit eines wesentlichen Teils der Belegschaft liegt (BAG 27.11.1987 – 7 AZR 29/87).

Praxistipp

Wird eine regelmäßige Betriebsversammlung außerhalb der Arbeitszeit durchgeführt, obwohl dafür keine zwingende betriebliche Notwendigkeit iSv § 44 Abs. 1 S. 1 BetrVG bestand, besteht für die Teilnehmer dieser Versammlung grds. kein Anspruch auf Vergütung und Fahrkostenersatz für die Teilnahme nach § 44 Abs. 1 BetrVG. Etwas anderes kann sich hier ausnahmsweise unter dem Gesichtspunkt der sog. Vertrauenshaftung ergeben, wenn der Arbeitgeber ggü. den Teilnehmern dieser Versammlung zum Ausdruck gebracht hat, dass er trotz Fehlens der gesetzlichen Voraussetzungen mit einer Durchführung der regelmäßigen Betriebsversammlung außerhalb der Arbeitszeit einverstanden ist (→ Frage 94: Haben Arbeitnehmer Anspruch auf eine Vergütung für die Dauer der Teilnahme an einer Betriebsversammlung?).

Der BR sollte daher vor Einberufung einer regelmäßigen Betriebsversammlung außerhalb der Arbeitszeit stets prüfen, ob es tatsächlich aufgrund der Eigenart des Betriebes zwingend notwendig ist, die Versammlung vollständig oder teilweise außerhalb der Arbeitszeit durchzuführen. Bei bestehenden Zweifeln sollte der Arbeitgeber darum gebeten werden, sein Einverständnis mit der Durchführung der Betriebsversammlung außerhalb der Arbeitszeit nebst Zusage von Vergütung und Fahrkostenersatz für die Teilnahme zu erklären.

Andere als die eingangs aufgeführten **Betriebsversammlungen**, dh

- ohne Antrag oder auf Antrag eines Viertels der Arbeitnehmer einberufene außerordentliche Betriebsversammlungen (§ 43 Abs. 3 S. 1 BetrVG; → *Frage 11: Worin unterscheiden sich zusätzliche und außerordentliche Betriebsversammlungen?*), in § 44 Abs. 2 S. 1 BetrVG als **„sonstige" Betriebsversammlungen** bezeichnet,

sind grds. **außerhalb der Arbeitszeit** durchzuführen (vgl. § 44 Abs. 2 S. 1 BetrVG). Nur ausnahmsweise, dh im Einvernehmen mit dem Arbeitgeber, können diese Versammlungen (ganz oder teilweise) auch während der Arbeitszeit stattfinden (§ 44 Abs. 2 S. 2 BetrVG). Dies erfordert eine entsprechende **Zustimmung des Arbeitgebers**. Diese kann formlos zB mündlich, aber auch förmlich zB in einer Betriebsvereinbarung oder in einem Arbeitgeberschreiben erteilt werden. Die Erklärung des Arbeitgebers muss erkennen lassen, dass er mit der Durchführung einer sonstigen Betriebsversammlung während der Arbeitszeit einverstanden ist (Fitting BetrVG § 44 Rn. 20). Der Arbeitgeber kann weder über die Einigungsstelle noch vom Arbeitsgericht zu einer Zustimmungserteilung gezwungen werden. Er kann die Zustimmung verweigern bzw. nur beschränkt zB auf eine bestimmte Höchstdauer bzw. zeitliche Lage der Versammlung erteilen (Fitting BetrVG § 44 Rn. 21).

Praxistipp

Der BR sollte vor der Durchführung sonstiger Betriebsversammlungen während der Arbeitszeit das Einverständnis des Arbeitgebers einholen. Wird dieses nicht erteilt, dann ist die sonstige Betriebsversammlung außerhalb der Arbeitszeit durchzuführen.

Beruft der BR **ohne erforderliche Zustimmung** des Arbeitgebers eine sonstige Betriebsversammlung vollständig oder teilweise während der Arbeitszeit ein, verstößt er gegen § 44 Abs. 2 S. 1 BetrVG. Der Arbeitgeber kann gegen die Durchführung einer solchen Versammlung eine **einstweilige Unterlassungsverfügung** erwirken (Fitting BetrVG § 44 Rn. 20a).

Formulierungsmuster

Antrag bei Gericht zur Durchsetzung des Anspruchs auf Unterlassung einer sonstigen Betriebsversammlung während der Arbeitszeit

Dem Beteiligten zu 2 (Betriebsrat) wird im Wege der einstweiligen Verfügung untersagt, am ...... in der Zeit ab ...... Uhr (betriebsübliche Arbeitszeit) eine (außerordentliche) Betriebsversammlung abzuhalten.

Bei einem bewussten bzw. wiederholten Verstoß kommt auch ein Antrag auf Auflösung des BR nach § 23 BetrVG in Betracht (Fitting BetrVG § 44 Rn. 20a). Arbeitnehmer, die rechtswidrig an während der Arbeitszeit durchgeführten sonstigen Betriebsversammlungen teilnehmen, erhalten dafür grds. keine **Vergütung**. Ein Vergütungsanspruch kann hier ausnahmsweise dann bestehen (vgl. Fitting BetrVG § 44 Rn. 48 mwN), wenn

- dem Arbeitgeber die Durchführung der Versammlung bekannt war und er ihr gleichwohl nicht widersprochen hat

oder

- dem betreffenden Arbeitnehmer das Fehlen des Einverständnisses des Arbeitgebers und die Unzulässigkeit der Abhaltung der Versammlung während der Arbeitszeit nicht bekannt war.

Praxistipp

Soweit der Arbeitgeber mit der Durchführung einer sonstigen Betriebsversammlung während der Arbeitszeit nicht einverstanden ist, sollte er zur Vermeidung eines Vertrauenstatbestandes und damit verbundener Vergütungsansprüche betriebsöffentlich darauf hinweisen, dass die Durchführung der Versammlung während der Arbeitszeit unzulässig ist und daher auch kein Recht zur Teilnahme an dieser Versammlung und kein Vergütungsanspruch besteht.

Die Arbeitnehmer begehen mit der Teilnahme an einer rechtswidrig während der Arbeitszeit durchgeführten sonstigen Betriebsversammlung im Regelfall keine zur **Kündigung des Arbeitsverhältnisses** berechtigende Pflichtverletzung, soweit sie auf die Rechtmäßigkeit der Einberufung durch den BR vertrauen durften (BAG 14.10.1960 – 1 AZR 254/58; Fitting BetrVG § 44 Rn. 22).

23. Wie lang darf bzw. muss eine Betriebsversammlung (einschließlich Pausen) dauern?

Zur zulässigen Dauer einer Betriebsversammlung enthält das Gesetz keine ausdrückliche Regelung (zur arbeitszeitrechtlichen Behandlung → *Frage 61: Zählt die Teilnahme an einer Betriebsversammlung als Arbeitszeit im Sinne des ArbZG und ist diese aufzuzeichnen?*). Entscheidend dafür ist der sich aus dem Gebot der vertrauensvollen Zusammenarbeit (§ 2 Abs. 1 BetrVG) folgende Grundsatz der **Erforderlichkeit**. Danach darf eine Betriebsversammlung nur so lange dauern, wie es zur Behandlung der Tagesordnungspunkte erforderlich ist. Die erforderliche Dauer einer Betriebsversammlung wird regelmäßig von folgenden Kriterien beeinflusst:

- Umfang bzw. Schwierigkeit der nach der Tagesordnung zu behandelnden Themen,
- Umfang bzw. Schwierigkeit der vom BR bzw. dem Arbeitgeber zu erstattenden Berichte,
- Anzahl der Teilnehmer und (zu erwartende) Wortmeldungen.

Im Ausnahmefall kann es an der Erforderlichkeit fehlen, zB bei einer Verzögerung der Versammlungsdauer durch

- die Behandlung unzulässiger Themen (→ *Frage 29: Was sind Beispiele für zulässige und unzulässige Themen?*; → *Frage 31: Welche Rechtsfolgen kann die (vorgesehene) Behandlung unzulässiger Themen haben?*),
- Wiederholungen von Stellungnahmen bzw. „epischen" Redebeiträgen,
- die Einlegung von Pausen, soweit diese nicht (zB aufgrund technischer Probleme oder zu Erholungs- bzw. Verpflegungszwecken nach längerer Versammlungsdauer) notwendig sind.

In der Praxis dauern (regelmäßige) Betriebsversammlungen in der Regel **zwei bis vier Stunden** (MHdB-ArbR/Lunk § 299 Rn. 24). Im Einzelfall kann, insbesondere unter Berücksichtigung der vorstehenden Kriterien, auch eine längere Dauer erforderlich sein. Der BR hat **dem Arbeitgeber** im Vorfeld die voraussichtliche Dauer der Betriebsversammlung **mitzuteilen** (→ *Frage 37: Wer ist wie (Inhalt und Form) zu Betriebsversammlungen einzuladen?*).

Die Festlegung einer **Höchstdauer** der Versammlung, zB eine Stunde, ist grds. unzulässig. Dies gilt selbst dann, wenn eine entsprechende Regelung in einer Betriebsvereinbarung getroffen wurde (Fitting BetrVG § 44 Rn. 14). Etwas anderes gilt aber für **Versammlungen,** die nach § 44 Abs. 2 BetrVG **außerhalb der Arbeitszeit** durchzuführen sind. Da diese nur mit Zustimmung des Arbeitgebers während der Arbeitszeit durchgeführt werden dürfen (→ *Frage 21: Welche Betriebsversammlungen finden während der Arbeitszeit statt?*), kann der Arbeitgeber seine Zustimmung an eine bestimmte Versammlungshöchstdauer knüpfen (Fitting BetrVG § 44 Rn. 21).

24. Muss die ganze Betriebsversammlung an einem einzigen Kalendertag abgehalten werden?

Es obliegt dem BR, die Tagesordnung so aufzustellen und die Lage der Betriebsversammlung so festzulegen, dass die Versammlung in einem für die Behandlung der Themen erforderlichen zeitlichen Rahmen (→ *Frage 23: Wie lang darf bzw. muss eine Betriebsversammlung (einschließlich Pausen) dauern?*), und zwar grds. **an einem Kalendertag,** durchgeführt werden kann. Eine **Vertagung** bzw. eine über den konkreten Tag hinausgehende Unterbrechung der Betriebsversammlung sieht das Gesetz nicht vor. Damit ist eine Vertagung rechtlich zwar nicht von vornherein ausgeschlossen. Sie kommt aber nur im Ausnahmefall in Betracht, und zwar dann, wenn (vgl. LAG Mecklenburg-Vorpommern 15.10.2008 – 2 TaBV 2/08; ArbG Lübeck 15.8.2019 – 1 BV 36/19; Fitting BetrVG § 44 Rn. 10; GK-BetrVG/Weber § 44 Rn. 16)

- die Durchführung der Betriebsversammlung an einem Tag **nicht möglich war,**
- die noch offenen Punkte einen Fortsetzungstermin **dringend erfordern** (soweit die Behandlung der verbleibenden Themen nicht mehr als 1 Stunde erfordert, ist dies eher fraglich; Wolmerath ArbRAktuell 2016, 136) und anders – zB bei einer demnächst anstehenden Betriebsversammlung – eine Erledigung der noch offenen Tagesordnungspunkte **nicht sachdienlich** wäre.

Beispiel

In einem vom LAG Mecklenburg-Vorpommern am 15.10.2008 – 2 TaBV 2/08 entschiedenen Fall hielt der BR die regelmäßigen Betriebsversammlungen – im Umfang von insgesamt 8 Stunden(!) – an aufeinanderfolgenden halben Tagen (12 Uhr bis etwa 16 Uhr und 9 Uhr bis 12 Uhr des darauffolgenden Tages) ab. Das Gericht verwies darauf, dass für eine Vertagung keine Erforderlichkeit bestand und selbst eine 8-stündige Betriebsversammlung grds. an einem Kalendertag abgehalten werden kann.

Soweit der BR eine Betriebsversammlung nicht an einem, sondern an mehreren Kalendertagen abhält und dafür kein (zwingender) Grund vorliegt, kann der Arbeitgeber die Unzulässigkeit dieses Vorgehens gerichtlich klären lassen. Im Einzelfall kommt auch eine einstweilige (Untersagungs-)Verfügung in Betracht (LAG Baden-Württemberg 10.12.1985 – 4 GaBV 2/85).

Formulierungsmuster

Antrag bei Gericht zur Feststellung der Unzulässigkeit einer an mehr als einem Kalendertag abgehaltenen Betriebsversammlung (nach LAG Mecklenburg-Vorpommern am 15.10.2008 – 2 TaBV 2/08)

Es wird festgestellt, dass der Beteiligte zu 2 (Betriebsrat) nicht berechtigt ist, ohne Zustimmung des/der Beteiligten zu 1 (Arbeitgeber) Betriebsversammlungen, die nach der Tagesordnung keinen höheren Zeitbedarf als acht Zeitstunden haben, an mehr als einem Kalendertag abzuhalten.

25. Was passiert, wenn eine Betriebsversammlung ungeplant nicht an einem Tag beendet werden kann?

Eine **Vertagung** ist nur im Ausnahmefall, und zwar dann zulässig (→ *Frage 24: Muss die ganze Betriebsversammlung an einem einzigen Kalendertag abgehalten werden?*), wenn

- die Durchführung der Betriebsversammlung an einem Tag **nicht möglich war** und
- die noch offenen Punkte einen Fortsetzungstermin **dringend erfordern** und anders (zB bei einer demnächst anstehenden Betriebsversammlung) eine Erledigung der noch offenen Tagesordnungspunkte **nicht sachdienlich** wäre.

Liegen diese Voraussetzungen vor, dann kann die Versammlung am folgenden Arbeitstag fortgesetzt werden.

26. Wer entscheidet über Ort, Zeitpunkt, Häufigkeit und Dauer der Betriebsversammlung?

Grds. entscheidet der BR durch **Beschluss** über Ort, Zeitpunkt, Häufigkeit und Dauer der Betriebsversammlung (→ *Frage 33: Braucht der Betriebsrat einen Einberufungsbeschluss?*).

→ *Muster 2: Checkliste zur Einberufung und Durchführung einer regelmäßigen Betriebsversammlung*

Neben den **gesetzlichen Vorgaben** hat er dabei auch den **Grundsatz der vertrauensvollen Zusammenarbeit** zu beachten, und zwar sowohl bzgl. des Versammlungsortes als auch bzgl. Zeitpunkt, Häufigkeit und Dauer der Versammlungen.

27. Darf eine Betriebsversammlung während eines Streiks stattfinden?

Grundsätzlich ist eine Betriebsversammlung auch während eines Arbeitskampfes **zulässig.** Der BR ist auch während eines Arbeitskampfes nicht von der Pflicht befreit, regelmäßige Betriebsversammlungen durchzuführen. Alle Arbeitnehmer – dh auch streikende Arbeitnehmer – sind zur Teilnahme an Betriebsversammlungen berechtigt (zur Vergütung → *Frage 97: Wie wirkt sich Krankheit, Urlaub oder Elternzeit auf die Vergütung für die Teilnahme an einer Betriebsversammlung aus?*). Auch im Falle einer **Aussperrung** ist den Arbeitnehmern der Zugang zu Betriebsversammlungen zu gewähren.

Aufgrund § 74 Abs. 2 BetrVG darf die Betriebsversammlung aber **nicht als Kampfmittel** im Arbeitskampf eingesetzt werden. Dies kann zB dann der Fall sein, wenn die Versammlung

- willkürlich an besonders arbeitsintensiven Tagen terminiert wird,
- unverhältnismäßig lang dauert oder
- über das notwendige Maß hinaus Themen behandelt.

III. Themen der Betriebsversammlung

Betriebsversammlungen dienen der innerbetrieblichen Information und dem Meinungsaustausch. Dementsprechend ist von zentraler Bedeutung, welche Themen auf einer Betriebsversammlung zulässig und unzulässig sind. In diesem Kapitel wird erläutert, welche Themen auf einer Betriebsversammlung behandelt werden sollen und können. Zudem wird aufgezeigt, welche Folgen eintreten können, wenn unzulässige Themen behandelt oder erörtert werden.

28. Welche Themen können bzw. müssen auf einer Betriebsversammlung behandelt werden?

Die Betriebsversammlung kann grds. alle Themen erörtern, die **unmittelbar die Arbeitnehmer oder den Betrieb betreffen**.

Zudem können insbesondere die in § 45 BetrVG genannten Themen Gegenstand von **regelmäßigen Betriebsversammlungen** sein, dh:

- Themen tarifpolitischer, sozialpolitischer, umweltpolitischer und wirtschaftlicher Art,
- Fragen der Förderung der Gleichstellung von Frauen und Männern und der Vereinbarkeit von Familie und Erwerbstätigkeit,
- Integration der im Betrieb beschäftigten ausländischen Arbeitnehmer.

In regelmäßigen Betriebsversammlungen ist der **BR** in jedem Kalendervierteljahr verpflichtet, einen **Tätigkeitsbericht** zu erstatten (→ *Frage 69: Muss der Betriebsrat einen Tätigkeitsbericht erstatten?*; → *Frage 70: Wie und durch wen hat der Tätigkeitsbericht des BR zu erfolgen?*). Der **Arbeitgeber** muss einmal jährlich Bericht erstatten (→ *Frage 73: Wann und wie muss der Arbeitgeber auf einer Betriebsversammlung Bericht erstatten?*).

Bei **außerordentlichen Betriebsversammlungen,** die gem. § 43 Abs. 3 BetrVG vom Arbeitgeber oder ¼ der wahlberechtigten Arbeitnehmer beantragt werden, ist der BR nicht nur berechtigt, sondern auch „verpflichtet", die beantragte Betriebsversammlung einzuberufen. Er hat dabei den beantragten Beratungsgegenstand auf die Tagesordnung zu setzen (→ *Frage 18: Wann werden außerordentliche Betriebsversammlungen durchgeführt?*). In der außerordentlichen Betriebsversammlung sind dann die entsprechenden Themen zwingend zu behandeln. Voraussetzung ist aber auch hier, dass es sich um **zulässige Themen** handelt.

29. Was sind Beispiele für zulässige und unzulässige Themen?

Zulässig sind grds. alle Themen, die einen unmittelbaren Bezug zu den Arbeitnehmern oder dem Betrieb aufweisen. Begrenzt wird die Themenauswahl insbesondere durch die in § 74 Abs. 2 BetrVG verankerte Friedenspflicht.

Zulässig sind in der Regel

- tarifpolitische Themen in Form der Unterrichtung über maßgebliche Tarifverträge oder laufende Tarifverhandlungen,
- sozialpolitische Themen, zB Fragen der Sozialversicherung, Arbeitsmarktpolitik, Arbeits- und Unfallschutz, beruflichen Bildung, Fragen der Altersteilzeit (nicht erforderlich ist ein unmittelbarer betrieblicher Bezug),
- Fragen des betrieblichen Umweltschutzes, insbesondere zur Sensibilisierung für umweltschonende Produktionsverfahren und Reduzierung von Umweltbelastungen,
- Erörterung betrieblicher wirtschaftlicher Angelegenheiten (zB Inhaberwechsel, geplante Umstrukturierungen, Konzernangelegenheiten) und allgemeiner wirtschaftlicher Themen, sofern sie einen unmittelbaren Bezug zum Betrieb aufweisen (zB Entwicklung von Zöllen bei Exportunternehmen, Gesetzgebungsvorhaben mit konkretem Bezug zum Betrieb),
- Fragen der Gleichstellung, insbesondere zur Vereinbarkeit von Beruf und Familie,
- Fragen der Integration ausländischer Arbeitnehmer, insbesondere zu Maßnahmen zum Abbau von Fremdenfeindlichkeit und Rassismus sowie zum Abbau etwaiger kultureller Barrieren.

Unzulässig sind insbesondere

- allgemeinpolitische Themen,
- parteipolitische Themen und

- die Planung und Unterstützung von Arbeitskämpfen.

Grundsätzlich sind Äußerungen auf Betriebsversammlungen durch die **allgemeine Meinungsfreiheit** gem. Art. 5 Abs. 1 GG geschützt. Dementsprechend ist in diesem Rahmen auch **Kritik** am BR, betrieblichen Abläufen oder dem Arbeitgeber zulässig. Auch der Arbeitgeber unterfällt dem Schutzbereich, sodass er sich wohlwollend, aber auch kritisch ggü. dem BR äußern kann.

Unzulässig sind in jedem Fall beleidigende, volksverhetzende oder ehrverletzende Inhalte und Beiträge. Entsprechende Beiträge sind durch die Versammlungsleitung zu unterbinden (→ *Frage 68: Worauf ist bei der Gestaltung, Leitung und dem Ablauf der Versammlung zu achten?*).

30. Wer entscheidet über die Themen einer Betriebsversammlung?

Über die Themen der **regelmäßigen Betriebsversammlungen** entscheidet der BR selbst. Er ist dabei an die gesetzlichen Vorgaben gebunden. Unzulässige Themen dürfen vom BR nicht auf die Tagesordnung gesetzt werden. Bei der konkreten Auswahl und Schwerpunktsetzung ist er im Rahmen pflichtgemäßen Ermessens frei. Bei **außerordentlichen Betriebsversammlungen,** die gem. § 43 Abs. 3 BetrVG vom Arbeitgeber oder ¼ der wahlberechtigten Arbeitnehmer beantragt wurden, besteht dagegen kein Ermessensspielraum. Hier hat der BR die beantragten Themen – soweit diese zulässig sind – auf die Tagesordnung zu setzen → *Frage 18: Wann werden außerordentliche Betriebsversammlungen durchgeführt?*).

31. Welche Rechtsfolgen kann die (vorgesehene) Behandlung unzulässiger Themen haben?

Setzt der BR unzulässige Themen auf die Tagesordnung einer Betriebsversammlung oder lässt er die Behandlung solcher Themen auf der Betriebsversammlung zu, kann dies eine **grobe Pflichtverletzung** gem. § 23 Abs. 1 BetrVG darstellen. Der Vorsitzende des BR hat als **Versammlungsleiter** darüber zu wachen, dass während einer Betriebsversammlung keine unzulässigen Themen erörtert werden. Er hat daher Wortmeldungen zu unterbinden, die zB beleidigenden oder volksverhetzenden Inhalt haben. Notfalls obliegt es dem Versammlungsleiter, die Versammlung aufzulösen. Da die Betriebsversammlung vom BR einberufen wird, ist auch dieser – neben dem Versammlungsleiter – berechtigt und verpflichtet, die Gesetzmäßigkeit der Versammlung zu gewährleisten. Wird dies von einzelnen Mitgliedern des BR missachtet bzw. erörtern sie selbst unzulässige Themen, kann dies im Einzelfall einen Ausschluss aus dem BR rechtfertigen.

Die (gerichtliche) Untersagung einer regelmäßigen Betriebsversammlung aufgrund eines rechtswidrigen Tagesordnungspunktes scheidet in der Regel aus, da der BR zur Durchführung verpflichtet ist. Etwas anderes kann allenfalls dann gelten, wenn die regelmäßige Betriebsversammlung nur oder überwiegend aus rechtswidrigen Themen bestehen soll.

Besteht eine Betriebsversammlung überwiegend aus unzulässigen Themen, verliert sie ihren rechtlichen Charakter als Betriebsversammlung, sodass die teilnehmenden Arbeitnehmer **keinen Entgeltanspruch** haben und unzulässigerweise der Arbeit fernbleiben. Die nur beiläufige Behandlung unzulässiger Themen führt nicht zu diesen Rechtsfolgen (zB LAG Düsseldorf 10.3.1981 – 11 Sa 1453/80; MHdB-ArbR/Lunk § 299 Rn. 72).

Der Arbeitgeber ist zudem berechtigt, die Durchführung von **außerordentlichen oder zusätzlichen Versammlungen**, die unzulässige Themen zum Gegenstand haben, durch eine **einstweilige Verfügung** untersagen zu lassen (Fitting § 43 Rn. 42).

Formulierungsmuster

Antrag auf Untersagung einer außerordentlichen Betriebsversammlung (nach LAG Berlin-Brandenburg 29.4.2016 – 22 TaGVGa 686/16)

Dem Betriebsrat wird untersagt, am … (Datum) eine außerordentliche Betriebsversammlung zum Thema … abzuhalten und dazu einzuladen.

IV. Einberufung der Betriebsversammlung

Damit Betriebsversammlungen stattfinden können, müssen diese – in der Regel vom BR – einberufen werden. Die Einberufung richtet sich nach den §§ 42, 43 BetrVG. In diesem Kapitel wird zunächst erörtert, ob und in welchen Fällen eine Pflicht zur Einberufung von Betriebsversammlungen besteht. Weiterhin wird behandelt, in welcher Art und Weise, zu welchem Zeitpunkt und ggü. wem eine Einberufung erfolgen muss. Schließlich wird ein Blick auf die Einberufung besonderer Betriebsversammlungen geworfen.

32. Gibt es eine Pflicht des Betriebsrats zur Durchführung von Betriebsversammlungen?

Gem. § 43 Abs. 1 S. 1 BetrVG ist der BR zur Durchführung von je einer Betriebsversammlung je Kalendervierteljahr (regelmäßige Betriebsversammlung) **verpflichtet**. Der BR ist zudem gem. § 43 Abs. 3 S. 1 BetrVG zur Einberufung einer Betriebsversammlung verpflichtet, wenn dies der Arbeitgeber oder ¼ der wahlberechtigten Arbeitnehmer beantragen (außerordentliche Betriebsversammlung). Zu beachten ist, dass bei neu gewählten Betriebsräten **keine Wartezeit** für die Einladung zu einer Betriebsversammlung besteht. Wird also bspw. ein BR im November eines Jahres neu gewählt, muss er bis Ende des Kalenderjahres noch eine Betriebsversammlung durchführen.

Lädt der BR nicht regelmäßig zu Betriebsversammlungen ein, kann dies eine **Pflichtverletzung gem. § 23 Abs. 1 BetrVG** darstellen und die **Auflösung des BR** rechtfertigen (LAG Baden-Württemberg 13.3.2014 – 6 TaBV 5/13). Die Auflösung des BR kann in diesem Fall vom Arbeitgeber, einer im Betrieb vertretenen Gewerkschaft oder von ¼ der wahlberechtigten Arbeitnehmer beantragt werden (→ *Frage 19: Was kann passieren, wenn Betriebsversammlungen nicht oder nicht oft genug stattfinden?*).

Auf Antrag einer im Betrieb vertretenen **Gewerkschaft** ist der BR zudem nach § 43 Abs. 4 BetrVG zur Durchführung einer Betriebsversammlung verpflichtet, wenn im vorhergegangenen Kalendervierteljahr keine (regelmäßige) Betriebsversammlung durchgeführt wurde (→ *Frage 19: Was kann passieren, wenn Betriebsversammlungen nicht oder nicht oft genug stattfinden?*).

Beispiel

Eine im Betrieb vertretene Gewerkschaft stellt im Juli 2024 fest, dass in diesem Betrieb im vorhergegangenen Kalenderhalbjahr – also im Zeitraum vom 01.01. – 30.6.2024 – überhaupt keine Betriebsversammlung durchgeführt wurde. Sie kann in diesem Fall nach § 43 Abs. 4 BetrVG die Durchführung einer regelmäßigen Betriebsversammlung beantragen. Umstritten ist, ob dieses Antragsrecht auch dann besteht, wenn in dem vorhergegangenen Kalenderjahr zwar keine regelmäßige, aber eine zusätzliche bzw. außerordentliche Betriebsversammlung stattgefunden hat (→ Frage 19: Was kann passieren, wenn Betriebsversammlungen nicht oder nicht oft genug stattfinden?).

33. Braucht der Betriebsrat einen Einberufungsbeschluss?

Ja. Der BR beruft jede Betriebsversammlung durch **Beschluss** ein. Der Vorsitzende ist ohne einen entsprechenden Beschluss nicht zur Einberufung berechtigt.

Der Einberufungsbeschluss muss den **Versammlungsort**, die **Versammlungszeit** (Datum und Uhrzeit) und die **Tagesordnung** umfassen. Der Beschluss bedarf der **einfachen Stimmenmehrheit**. Darüber hinaus sollte die **Art der Betriebsversammlung** angegeben und damit klargestellt werden, ob es sich um eine regelmäßige, zusätzliche oder außerordentliche Betriebsversammlung handelt.

→ *Muster 2: Checkliste zur Einberufung und Durchführung einer regelmäßigen Betriebsversammlung*

→ *Muster 3: Beschluss zur Einberufung einer regelmäßigen Betriebsversammlung*

Umstritten ist, ob die Beschlussfassung auch durch den **Betriebsausschuss** erfolgen kann. Eine gesetzliche Zuständigkeit des Betriebsausschusses besteht nicht, da es sich nicht um ein laufendes Geschäft handelt. In Betracht kommt allerdings eine **Übertragung der Aufgabe** auf den Betriebsausschuss gem. § 27 Abs. 2 S. 2 BetrVG durch Beschluss des BR

- mit der Mehrheit der Stimmen seiner Mitglieder und
- in Schriftform.

Sofern der BR beabsichtigt, die Betriebsversammlung als Teilversammlung durchzuführen, muss er dies ebenfalls beschließen (→ *Frage 8: Wer entscheidet, ob eine Voll- oder eine Teilversammlung durchgeführt wird?*; → *Frage 40: Wann sind Teilversammlungen zulässig?*). Der Beschluss muss in diesem Fall auch die vollständige **Aufteilung der Belegschaft auf die Teilversammlungen** umfassen (→ *Muster 4: Beschluss zur Einberufung einer regelmäßigen Betriebsversammlung in Form von Teilversammlungen*).

Der BR kann nicht den Zeitpunkt der Erstattung des **Berichts durch den Arbeitgeber** beschließen. Der Zeitpunkt ist zwischen den Betriebsparteien abzustimmen (→ *Frage 73: Wann und wie muss der Arbeitgeber auf einer Betriebsversammlung Bericht erstatten?*). Sofern ein Termin abgestimmt wurde, ist der Bericht des Arbeitgebers in der Tagesordnung der betreffenden Betriebsversammlung aufzuführen.

Der Beschluss des BR muss auch den **Inhalt des Tätigkeitsberichtes** umfassen (zu den Inhalten → *Frage 69: Muss der Betriebsrat einen Tätigkeitsbericht erstatten?*). Zugleich hat der BR zu beschließen, wer den Tätigkeitbericht erstattet, wobei dies in der Regel der BR-Vorsitzende ist (→ *Frage 70: Wie und durch wen hat der Tätigkeitsbericht des BR zu erfolgen?*). Erfolgen nach der Beschlussfassung noch wesentliche Änderungen am Tätigkeitsbericht, muss der BR auch über diese einen Beschluss fassen.

Auch die **Absage und die Verschiebung** einer Betriebsversammlung bedürfen eines Beschlusses des BR. In beiden Fällen sind die teilnahmeberechtigten Personen zu informieren. Für die Information der teilnahmeberechtigten Arbeitnehmer sind die betriebsüblichen Kommunikationswege zu nutzen. So kann die Absage oder Verschiebung der Versammlung durch Aushang am „schwarzen Brett“ des BR, Rundschreiben/Rund-E-Mail, Eintrag im Intranet oder Lautsprecherdurchsage mitgeteilt werden.

34. Wie wird eine Betriebsversammlung einberufen?

Die Einberufung einer Betriebsversammlung erfolgt durch Einladung aller teilnahmeberechtigten Personen (→ *Frage 45: Wer gehört zum teilnahmeberechtigten Personenkreis?*) durch den BR. Die Einberufung muss auf einem Beschluss des BR beruhen (→ *Frage 33: Braucht der Betriebsrat einen Einberufungsbeschluss?*).

Die **Durchführung des Beschlusses** obliegt dem BR-Vorsitzenden. Dieser ist für die Einladung der Teilnehmer und die Organisation der Versammlung zuständig.

35. Haben Arbeitgeber bzw. Gewerkschaften ein Einberufungsrecht?

Grundsätzlich kann eine Betriebsversammlung nur durch den BR einberufen werden. Ausnahmsweise kommt eine Einberufung einer Wahlversammlung durch Arbeitnehmer in Betracht (→ *Frage 13: Wann findet eine Wahlversammlung statt?*).

Allerdings haben der Arbeitgeber, im Betrieb vertretene Gewerkschaften, aber auch mind. ¼ der wahlberechtigten Arbeitnehmer des Betriebes das Recht, die Einberufung einer Betriebsversammlung beim BR zu beantragen und diese dann auch durchzusetzen (→ *Frage 20: Kann die Durchführung einer Betriebsversammlung erzwungen werden?*).

Eine im Betrieb vertretene Gewerkschaft kann zudem die Einberufung von regelmäßigen Betriebsversammlungen erzwingen (→ *Frage 19: Was kann passieren, wenn Betriebsversammlungen nicht oder nicht oft genug stattfinden?*).

36. Wie können Arbeitnehmer und Arbeitgeber eine außerordentliche Betriebsversammlung herbeiführen?

Auf Antrag von ¼ der Arbeitnehmer oder des Arbeitgebers ist gem. § 43 Abs. 3 S. 1 BetrVG eine zusätzliche außerordentliche Betriebsversammlung durchzuführen (→ *Frage 18: Wann werden außer-*

ordentliche Betriebsversammlungen durchgeführt?). Liegt ein Antrag nach § 43 Abs. 3 S. 1 BetrVG vor, dann ist der BR nicht nur berechtigt, sondern auch „verpflichtet“,

- die beantragte Betriebsversammlung einzuberufen und
- den beantragten Beratungsgegenstand auf die Tagesordnung zu setzen.

Der Antrag bedarf keiner besonderen **Form** und auch keiner Begründung. Allerdings muss der **Beratungsgegenstand**, dh die Fragestellung/en, die in der beantragten Betriebsversammlung erörtert werden soll/en, angegeben werden.

Formulierungsmuster

Antrag des Arbeitgebers auf Durchführung einer außerordentlichen Betriebsversammlung

Arbeitgeber

An den Betriebsrat (Ort, Datum)

z. Hd. der/des Betriebsratsvorsitzenden

Einberufung einer außerordentlichen Betriebsversammlung

Sehr geehrte Frau/Sehr geehrter Herr ......,

hiermit beantragen wir nach § 43 Abs. 3 S. 1 BetrVG die unverzügliche Einberufung einer außerordentlichen Betriebsversammlung und folgenden Beratungsgegenstand auf die Tagesordnung zu setzen: ......

Mit freundlichen Grüßen

Unterschrift Arbeitgeber

Da der Antrag der Arbeitnehmer auf Einberufung einer außerordentlichen Betriebsversammlung nur dann Erfolg haben kann, wenn dieser von mind. ¼ der wahlberechtigten Arbeitnehmer (§ 7 BetrVG) gestellt wird, kann hier eine **Unterschriftensammlung** durchgeführt werden. Dies kann grds. während der (bezahlten) Arbeitszeit erfolgen (Fitting BetrVG § 43 Rn. 40).

Nach Eingang eines Antrages gem. § 43 Abs. 3 S. 1 BetrVG hat der BR nicht nur die Antragsberechtigung (Arbeitgeber oder ¼ der wahlberechtigten Arbeitnehmer) zu prüfen. Er hat auch zu prüfen, ob mit dem Antrag zur Einberufung einer außerordentlichen Betriebsversammlung auch ein (zulässiger) **Beratungsgegenstand** angegeben wurde, der dann auf die Tagesordnung zu setzen ist. Fehlt es an der Angabe des Beratungsgegenstandes bzw. wurde ein Beratungsgegenstand angegeben, der insgesamt oder in Teilen außerhalb der Grenzen des § 45 BetrVG liegt bzw. aus sonstigen Gründen **unzulässig** (→ *Frage 29: Was sind Beispiele für zulässige und unzulässige Themen?*) ist, dann darf der BR die beantragte außerordentliche Betriebsversammlung nicht einberufen. Wird auf Antrag der Arbeitnehmer eine außerordentliche Betriebsversammlung mit einem unzulässigen Tagesordnungspunkt einberufen, kann sie der Arbeitgeber durch eine **einstweilige Verfügung** untersagen lassen (Fitting BetrVG § 43 Rn. 42; → *Frage 31: Welche Rechtsfolgen kann die (vorgesehene) Behandlung unzulässiger Themen haben?*).

Ergibt dagegen die Prüfung des Antrages, dass die Voraussetzungen für die Einberufung der beantragten außerordentlichen Betriebsversammlung erfüllt sind, dann ist der BR nach § 43 Abs. 3 S. 1 BetrVG zu deren Einberufung „verpflichtet“. **Verweigert der BR** unberechtigt die Einberufung der beantragten außerordentlichen Betriebsversammlung, kann dies – insbes. im Wiederholungsfall – zu seiner Auflösung nach § 23 BetrVG führen. Ungeachtet dessen kann der Antragsteller sein Antragsrecht auch gerichtlich, bei bestehender Dringlichkeit auch mittels **einstweiliger Verfügung**, verfolgen (→ *Frage 19: Was kann passieren, wenn Betriebsversammlungen nicht oder nicht oft genug stattfinden?*).

Das Erfordernis einer Verständigung des Arbeitgebers über den Zeitpunkt der außerordentlichen Betriebsversammlung ergibt sich gem. § 43 Abs. 3 S. 2 BetrVG nur für den Fall der vom Arbeitgeber beantragten Einberufung. Für die übrigen, also für die **ohne Antrag oder auf Antrag der Arbeitnehmer** nach § 43 Abs. 3 BetrVG einberufenen außerordentlichen Betriebsversammlung sieht das Gesetz keine **Verständigung des Arbeitgebers** vor. Sieht der BR hier von einer Verständigung ab, dann scheiden allerdings

- ein Einvernehmen iSv § 44 Abs. 2 S. 2 BetrVG und
- eine Inanspruchnahme von Räumen des Arbeitgebers (GK-BetrVG/Weber § 43 Rn. 46)

mit der Folge aus, dass diese außerordentliche Betriebsversammlung dann

- außerhalb der Arbeitszeit (vgl. § 44 Abs. 2 S. 1 BetrVG; → *Frage 22: Wann können/müssen Betriebsversammlungen außerhalb der Arbeitszeit stattfinden?*) und
- außerhalb des Betriebsgeländes

durchzuführen wäre.

Beruft der BR hier gleichwohl **ohne erforderliche Zustimmung** des Arbeitgebers, dh unter Verstoß gegen § 44 Abs. 2 S. 1 BetrVG, eine außerordentliche Betriebsversammlung innerhalb der Arbeitszeit ein, dann kann der Arbeitgeber gegen die Durchführung einer solchen Versammlung eine **einstweilige Verfügung** erwirken (Fitting BetrVG § 44 Rn. 20a). Bei einem bewussten bzw. wiederholten Verstoß kommt auch ein Antrag auf Auflösung des BR nach § 23 BetrVG in Betracht (Fitting BetrVG § 44 Rn. 20a; dazu sowie zu weiteren Rechtsfolgen eines Verstoßes gegen § 44 Abs. 2 BetrVG → *Frage 22: Wann können/müssen Betriebsversammlungen außerhalb der Arbeitszeit stattfinden?*).

Praxistipp

Der BR sollte eine Verständigung des Arbeitgebers hinsichtlich Zeit und Ort der Versammlung nicht nur vor der Einberufung einer vom Arbeitgeber selbst beantragten außerordentlichen Betriebsversammlung vornehmen. Vielmehr sollte auch vor der Durchführung einer sonstigen nach § 43 Abs. 3 BetrVG anberaumten außerordentlichen Betriebsversammlung das Einverständnis des Arbeitgebers eingeholt werden. Dann dürfen auch diese Versammlungen während der Arbeitszeit und auch auf dem Betriebsgelände abgehalten werden. Allerdings kann dieses Einverständnis des Arbeitgebers weder über eine Einigungsstelle noch gerichtlich erzwungen werden. Der Arbeitgeber kann sein Einverständnis auch beschränken (→ Frage 21: Welche Betriebsversammlungen finden während der Arbeitszeit statt?).

37. Wer ist wie (Inhalt und Form) zu Betriebsversammlungen einzuladen?

Grundsätzlich sind **alle teilnahmeberechtigten Personen** in geeigneter Art und Weise einzuladen (→ *Frage 45: Wer gehört zum teilnahmeberechtigten Personenkreis?*; → *Muster 2: Checkliste zur Einberufung und Durchführung einer regelmäßigen Betriebsversammlung*). Zu diesen gehören insbesondere

- die **Arbeitnehmer** des Betriebes und
- der **Arbeitgeber**.

Eine bestimmte **Form für die Einladung** der Arbeitnehmer und des Arbeitgebers ist nicht vorgesehen.

Für die **Einladung der Arbeitnehmer** (→ *Muster 5: Einladung der Arbeitnehmer zur regelmäßigen Betriebsversammlung*) sind die betriebsüblichen Kommunikationswege zu nutzen. So kann die Einladung durch Aushang am „schwarzen Brett" des BR, Rundschreiben/Rund-E-Mail, Eintrag im Intranet oder Lautsprecherdurchsage erfolgen. Die Form der Einladung muss so gewählt werden, dass grds. alle Arbeitnehmer **rechtzeitig** die Möglichkeit haben, von der Einladung Kenntnis zu erlangen (→ *Frage 38: Wie lange vorher muss zu einer Betriebsversammlung eingeladen werden?*).

→ *Muster 2: Checkliste zur Einberufung und Durchführung einer regelmäßigen Betriebsversammlung*

Erforderlichenfalls können auch mehrere Kommunikationsmittel kombiniert werden (zB Aushang und Durchsage). Sind Arbeitnehmer dauerhaft nicht im Betrieb anwesend, haben aber ein Teilnahmerecht (zB während einer Elternzeit), sind sie in geeigneter Art und Weise – dh in der Regel postalisch oder digital – zur Betriebsversammlung einzuladen. Der Arbeitgeber hat hierfür bei Bedarf die (postalischen) Adressen zur Verfügung zu stellen, um eine (postalische) Einladung zu ermöglichen (ArbG Berlin 29.1.2004 – 75 BVGa 1964/04).

Der Arbeitgeber muss dem BR auf dessen Verlangen hin die postalischen **Adressen der Arbeitnehmer** zur Verfügung stellen,

- die nicht regelmäßig im Betrieb anwesend sind,
- deswegen keine Möglichkeit haben, von der Einladung über den gewählten betriebsüblichen Kommunikationsweg Kenntnis zu erlangen und
- auf eine Übermittlung der Einladung per Post angewiesen sind.

Verweigert der Arbeitgeber die Mitteilung der Adressen, kann der BR dies im Wege des einstweiligen Rechtsschutzes durchsetzen (ArbG Berlin 29.1.2004 – 75 BVGa 1964/04).

Formulierungsmuster

Antrag des Betriebsrats auf Mitteilung von Adressen

Dem Arbeitgeber wird im Wege der einstweiligen Verfügung aufgegeben, die Familien- sowie Vornamen und postalischen Adressen all derjenigen bei ihr beschäftigten Arbeitnehmer des Betriebs ...... – mit Ausnahme der leitenden Angestellten iSd § 5 Abs. 3 BetrVG – dem Betriebsrat mitzuteilen, die am ...... (Tag der Betriebsversammlung) nicht an ihrem Arbeitsplatz anwesend sind, weil sie arbeitsunfähig oder im Urlaub sind, weil sie sich in Elternzeit oder Mutterschutz befinden, weil sie ihren Dienst bei der Bundeswehr oder Bundesfreiwilligendienst leisten, weil sie im Sonderurlaub oder auf Dienstreise sind.

Der **Arbeitgeber** ist zu allen regelmäßigen und zusätzlichen Betriebsversammlungen einzuladen (→ *Muster 7: Einladung des Arbeitgebers zur regelmäßigen Betriebsversammlung*). Zu außerordentlichen Betriebsversammlungen ist er nur einzuladen, wenn diese auf seine Veranlassung hin stattfinden. Die **Information des Arbeitgebers** sollte in der Regel unmittelbar an diesen, zB durch ein entsprechendes Anschreiben, erfolgen. Sie muss mit Blick auf das Gebot der vertrauensvollen Zusammenarbeit so gestaltet sein, dass eine Überprüfung möglich ist, ob die geplanten Inhalte der Betriebsversammlung voraussichtlich den gesetzlichen Vorgaben entsprechen. Auch ist über die geplanten externen Teilnehmer, deren Funktion und ggf. Themen von Ausführungen zu informieren.

Darüber hinaus besteht auch die Pflicht zur Einladung von Gewerkschaften, wobei hier zu unterscheiden ist zwischen

- den im BR vertretenen Gewerkschaften und
- den allg. im Betrieb vertretenen Gewerkschaften.

Den **im BR vertretenen Gewerkschaften** sind Zeitpunkt und Tagesordnung einer Betriebsversammlung zwingend **schriftlich** mitzuteilen (§ 46 Abs. 2 BetrVG). Die Mitteilung in Textform – also zB per E-Mail – ist ausreichend.

→ *Muster 8: Einladung der im BR vertretenen Gewerkschaften zur regelmäßigen Betriebsversammlung*

Die Pflicht besteht nur für Gewerkschaften, von denen mind. ein Mitglied dem BR angehört. Dh hinsichtlich der übrigen, allg. im Betrieb vertretenen Gewerkschaft besteht keine Pflicht des BR zur Einladung. Der BR ist allerdings berechtigt, nicht nur die im BR vertretenen, sondern auch die anderen, allg. im Betrieb vertretenen Gewerkschaften zur Betriebsversammlung einzuladen.

Praxistipp

Die Pflicht zur Einladung von Gewerkschaften ist nicht mit deren Teilnahmerecht verbunden. Dh auch die nur allg. im Betrieb vertretenen Gewerkschaften haben das Recht zur (beratenden) Teilnahme (→ Frage 45: Wer gehört zum teilnahmeberechtigten Personenkreis?). Der Versammlungsleiter sollte daher auch den Beauftragten einer zwar nicht eingeladenen, aber allg. im Betrieb vertretenen Gewerkschaft eine beratende Teilnahme an der Versammlung nicht verwehren.

Sofern der BR berechtigterweise **Gäste** hinzuzieht (→ *Frage 45: Wer gehört zum teilnahmeberechtigten Personenkreis?*; → *Frage 47: Darf ein Betriebsrat eigene Sachverständige/Rechtsvertreter zu einer Betriebsversammlung hinzuziehen?*), sollten diese auch eingeladen werden. Eine gesetzliche Pflicht hierzu besteht nicht. Der **GBR oder KBR** muss nicht über Betriebsversammlungen informiert werden.

Die **Kosten der Einladung** (Material, Porto etc) trägt der Arbeitgeber (→ *Frage 86: Wer trägt die Kosten einer Betriebsversammlung?*).

Unterbleibt die ordnungsgemäße Einladung oder Information, kann dies eine Pflichtverletzung gem. § 23 Abs. 1 BetrVG darstellen. Insbesondere die Nichteinladung einer im BR vertretenen Gewerkschaft kann die Auflösung des BR rechtfertigen (LAG Baden-Württemberg 13.3.2014 – 6 TaBV 5/13). In Betracht kommt auch, dass der Arbeitgeber eine geplante Versammlung untersagen lassen kann, wenn er nicht ordnungsgemäß eingeladen wurde (GK-BetrVG/Weber § 42 Rn. 30).

Die Einladung muss in jedem Fall **Zeit, Ort und Tagesordnung** der Betriebsversammlung umfassen.

→ *Muster 5: Einladung der Arbeitnehmer zur regelmäßigen Betriebsversammlung*

Dem Arbeitgeber ist darüber hinaus auch die voraussichtliche **Versammlungsdauer** mitzuteilen.

→ *Muster 7: Einladung des Arbeitgebers zur regelmäßigen Betriebsversammlung*

Sofern der BR zu **Teilversammlungen** einlädt, muss Folgendes beachtet werden:

- Der jeweils teilnahmeberechtigte Kreis der Arbeitnehmer für die einzelnen Teilversammlungen muss aus der Einladung hervorgehen.
- Es muss für alle teilnahmeberechtigten Arbeitnehmer eine Teilversammlung vorgesehen und diese der entsprechenden Teilversammlung auch (zB schichtweise) zugeordnet werden.
- Aus der Einladung muss für alle teilnahmeberechtigten Arbeitnehmer hervorgehen, wann und wo die sie betreffende Teilversammlung stattfindet.

→ *Muster 4: Beschluss zur Einberufung einer regelmäßigen Betriebsversammlung in Form von Teilversammlungen*

Beispiel

Zuordnung nach Schichten

Tagschicht Band 1 am ...... in der Zeit ab ...... Uhr

Nachtschicht Band 1 am ...... in der Zeit ab ...... Uhr

Tagschicht Band 2 am ...... in der Zeit ab ...... Uhr

Nachtschicht Band 2 am ...... in der Zeit ab ...... Uhr

Die Teilnahme richtet sich nach der Schichtzuteilung.

(Aufzählung weiterer Teilversammlungen für die verbleibenden Bereiche nebst Festlegung der Teilversammlungstermine für diese Bereiche), die Teilnahme richtet sich nach ......

Sofern nach erfolgter Einladung und noch vor Durchführung der Betriebsversammlungen **Änderungen oder Ergänzungen der Tagesordnung** erfolgen, sind nach Möglichkeit alle teilnahmeberechtigten Personen hierüber in gleicher Art und Weise zu informieren. Kommt aufgrund der Kurzfristigkeit keine vorherige Information in Betracht, ist am Anfang der Betriebsversammlung auf die Ergänzung hinzuweisen.

38. Wie lange vorher muss zu einer Betriebsversammlung eingeladen werden?

Eine bestimmte **Frist** zur Einladung zur Betriebsversammlung sieht das Gesetz nicht vor. Die Zeitspanne muss aber so bemessen sein, dass möglichst alle Arbeitnehmer eines Betriebes **rechtzeitig** die Gelegenheit haben, von der Einladung Kenntnis zu erlangen.

Als Mindestfrist können für die regelmäßigen Betriebsversammlungen **2 Wochen** angesehen werden (LAG Düsseldorf 11.4.1989 – 12 TaBV 9/89).

→ *Muster 2: Checkliste zur Einberufung und Durchführung einer regelmäßigen Betriebsversammlung*

Je nach den Umständen des Betriebes kann im Einzelfall aber auch eine längere Einladungsfrist erforderlich sein. Insbesondere bei zusätzlichen oder außerordentlichen Betriebsversammlungen kommt aber ausnahmsweise dann eine kürzere Einladungsfrist in Betracht, wenn das zu behandelnde Thema eilbedürftig ist. Aber auch hier wird man eine Einladungsfrist von zumindest **3 Arbeitstagen** als notwendig ansehen müssen.

Praxistipp

Der BR sollte die Terminierung der vierteljährlichen regelmäßigen Betriebsversammlungen nach Möglichkeit mit großem zeitlichem Vorlauf planen, um so eine frühzeitige Einladung zu ermöglichen. Soweit eine kurzfristige Einladung zu zusätzlichen oder außerordentlichen Betriebsversammlungen erforderlich ist, sollte der BR die Einladung auf möglichst vielen Kanälen verteilen, um eine breite Information der Arbeitnehmer zu ermöglichen.

Soweit der BR zur (rechtzeitigen) Einladung von Teilnahmeberechtigten zB einer im BR vertretenen Gewerkschaft verpflichtet ist (zur Einladungspflicht → *Frage 37: Wer ist wie (Inhalt und Form) zu Betriebsversammlungen einzuladen?*), kann bei – jedenfalls einer wiederholten – Verletzung dieser Pflicht auch eine **gerichtliche Klärung** erfolgen.

Formulierungsmuster

Durchsetzung des Rechts auf (rechtzeitige) Einladung auf Antrag einer im Betriebsrat vertretenen Gewerkschaft

Der Beteiligte zu 2 (Betriebsrat) wird verpflichtet, die Beteiligte zu 1 (Gewerkschaft) mind. ...... Woche/n vor Beginn anberaumter Betriebs- und Abteilungsversammlungen über deren Zeitpunkt, Ort und Tagesordnung schriftlich zu informieren, im Falle kurzfristig anberaumter Betriebs- und Abteilungsversammlungen unverzüglich nach der hierüber erfolgten Beschlussfassung des Beteiligten zu 2 (Betriebsrat).

39. Sind alle oder nur bestimmte Gewerkschaften zu informieren?

Gem. § 46 Abs. 1 S. 1 BetrVG haben alle **im Betrieb vertretenen Gewerkschaften** das Recht, durch einen Beauftragten an Betriebs- oder Abteilungsversammlungen teilzunehmen. Gem. § 46 Abs. 2 BetrVG ist aber nur den **im BR vertretenen Gewerkschaften** rechtzeitig und schriftlich der Termin einer Betriebsversammlung und die Tagesordnung mitzuteilen. Alle übrigen Gewerkschaften kann der BR informieren, muss dies aber nicht.

Die Nichtinformation von im BR vertretenen Gewerkschaften kann eine erhebliche Pflichtverletzung darstellen.

Beispiel

In einem vom LAG Baden-Württemberg am 13.3.2014 – 6 TaBV 5/13 entschiedenen Fall löste das Gericht auf Antrag einer Gewerkschaft den gebildeten BR auf. Der BR hatte es unterlassen, im Jahr 2012 regelmäßige Betriebsversammlungen durchzuführen. Eine im Betrieb vertretene Gewerkschaft beantragte daraufhin die Durchführung einer regelmäßigen Betriebsversammlung. Der Betriebsratsvorsitzende berief daraufhin ohne Beschluss des BR eine Betriebsversammlung ein und informierte die Gewerkschaft darüber. Kurz darauf beschloss der BR die Absage der Betriebsversammlung. In einer Rede teilte der Betriebsratsvorsitzende mit, dass die Gewerkschaft nur am Erfolg des Unternehmens teilhaben wolle und man keine dritte Kraft im Unternehmen bräuchte. Deswegen werde die von der Gewerkschaft beantragte Betriebsversammlung nicht stattfinden. Das LAG sah darin eine erhebliche Pflichtverletzung gem. § 23 Abs. 1 BetrVG und löste den BR deswegen auf.

40. Wann sind Teilversammlungen zulässig?

Die Entscheidung, ob Betriebsversammlungen als Voll- oder Teilversammlungen durchgeführt werden, obliegt allein dem BR (→ *Frage 8: Wer entscheidet, ob eine Voll- oder eine Teilversammlung durchgeführt wird?*). Die Durchführung von Teilversammlungen ist an **besondere Voraussetzungen** geknüpft. Gem. § 42 Abs. 1 S. 3 BetrVG ist eine Teilversammlung nur dann zulässig, wenn eine Vollversammlung aller Arbeitnehmer zum gleichen Zeitpunkt wegen der **Eigenart des Betriebes** nicht in Betracht kommt.

Die Eigenart des Betriebes bezieht sich auf **organisatorische und technische Besonderheiten**. Von untergeordneter Bedeutung sind wirtschaftliche Gesichtspunkte. Anerkannt sind Teilversammlungen insbesondere in folgenden Fällen:

- „24/7"-Betriebe (vollkontinuierlicher Schichtbetrieb),
- Sicherstellung des Betriebes in sensiblen Bereichen (zB Krankenhäuser, Verkehrsbetriebe),
- Unmöglichkeit der Vollversammlung, wenn aufgrund der Größe der Belegschaft eine vernünftige und sachliche Aussprache nicht mehr gewährleistet erscheint (für einen Betrieb mit knapp 2.500 Arbeitnehmern verneint, ArbG Wuppertal 9.7.1996 – 8 BVGa 12/96) oder ein geeigneter Versammlungsraum nicht zur Verfügung steht und auch nicht angemietet werden kann,
- gesetzliche oder vertragliche Pflicht zur Aufrechterhaltung eines vollkontinuierlichen Betriebs (zB Flughafenabfertigung; durchgehender Betrieb von Hochöfen im Stahlwerk).

Beruht die Durchführung von Teilversammlungen auf **organisatorischen oder technischen Gründen** (zB Schichtbetriebe), so ist die Aufteilung entsprechend dieser Gründe geboten (Durchführung von Teilversammlungen während Früh-, Mittel- und Nachtschicht). Werden Teilversammlungen aufgrund der Größe des Betriebes oder zur Aufrechterhaltung des Betriebs durchgeführt, ist sicherzustellen, dass jede Teilversammlung einen repräsentativen Querschnitt der Arbeitnehmer umfasst. Dies kann zB dadurch erfolgen, dass eine bestimmte Anzahl von Arbeitnehmern aus unterschiedlichen Abteilungen für jede Teilversammlung bestimmt wird (zB Teilversammlung I: 200 Arbeitnehmer aus der Verwaltung, 200 Arbeitnehmer aus der Produktion und 200 Arbeitnehmer aus der Entwicklungsabteilung; Teilversammlung II: … …).

Kein hinreichender Grund für Teilversammlungen liegt jedenfalls in folgenden Fällen vor:

- bloße wirtschaftliche Einschränkungen, solange keine „absolute wirtschaftliche Unzumutbarkeit" vorliegt (BAG 9.3.1976 – 1 ABR 74/74 zur Betriebsversammlung in Lebensmittelfilialunternehmen),
- durch Vollversammlung ist Schließung eines Betriebes erforderlich (zB im Einzelhandel),
- fehlende Räume im Betrieb für Vollversammlung,
- Teilung der Versammlung nach Arbeitnehmergruppen oder Funktionen.

Persönliche Merkmale dürfen für die Durchführung von Teilversammlungen ebenfalls nicht herangezogen werden. Somit ist eine Aufteilung der Arbeitnehmer in Teilversammlungen nach Alter, Geschlecht, Ausbildung oder Nationalität unzulässig.

Umstritten ist, ob Teilversammlungen bei **Betriebsräten in Strukturen gem. § 3 BetrVG** und weit auseinanderliegenden Betriebsabteilungen zulässig sind. Dagegen spricht, dass durch die besonderen Betriebsratseinheiten nach § 3 BetrVG nicht der Grundsatz der Vollversammlung umgangen werden darf. In Betracht kommen Teilversammlungen dann, wenn hierdurch eine Verbesserung der Arbeitnehmerrechte eintritt.

Auch wenn einzelne Betriebsteile im **Ausland** liegen oder sich Teile der Belegschaft langfristig im Ausland aufhalten (zB auf Baustellen), ist eine Teilversammlung unzulässig (BAG 27.5.1982 – 6 ABR 28/80).

Praxistipp

Ausgehend vom Grundsatz der Vollversammlung sollte der BR überlegen, ob eine solche aus bestimmten Gründen schwierig erscheint. In einem nächsten Schritt ist zu prüfen, ob durch Teilversammlungen die Schwierigkeiten behoben werden können. Der BR muss zudem prüfen, ob sich die Arbeitnehmer eindeutig einer Teilversammlung (zB aufgrund der Lage ihrer Arbeitszeit) zuordnen lassen. Im Zweifelsfall sollte der BR eine Vollversammlung durchführen.

Entschließt sich der BR zur Durchführung von Teilversammlungen, muss er auch über die Zusammensetzung der Teilversammlungen, dh die Aufteilung der Belegschaft, entscheiden. Um **Doppelteilnahmen** von Arbeitnehmern zu verhindern (→ *Frage 59: Dürfen Arbeitnehmer mehrfach an Teilversammlungen zum selben Gegenstand teilnehmen?*), muss eine klare Zuteilung der Arbeitnehmer erfolgen. Soweit der BR zu **Teilversammlungen** einlädt, muss daher auf Folgendes geachtet werden:

- dass **für alle teilnahmeberechtigten Arbeitnehmer** des Betriebes eine Teilversammlung vorgesehen wird und diese der entsprechenden Teilversammlung auch (zB schichtweise) zugeordnet werden und
- dass der jeweils teilnahmeberechtigte Kreis der Arbeitnehmer für die einzelnen Teilversammlungen aus der Einladung hervorgeht und die einzelnen teilnahmeberechtigten Arbeitnehmer aus der Einladung entnehmen können, **wann und wo die sie betreffende Teilversammlung** stattfindet.

→ *Muster 6: Einladung der Arbeitnehmer zur regelmäßigen Betriebsversammlung in Form von Teilversammlungen*

41. Wann dürfen Abteilungsversammlungen einberufen werden?

Abteilungsversammlungen sind besondere Formen der Betriebsversammlung (→ *Frage 12: Was ist eine Abteilungsversammlung?*) und dürfen nur unter bestimmten Voraussetzungen durchgeführt werden. Abteilungsversammlungen sind für **organisatorisch und/oder räumlich abgrenzbare Abteilungen** durchzuführen (§ 42 Abs. 2 BetrVG).

Die **organisatorische Abgrenzbarkeit** ergibt sich aus dem Gegenstand der betrieblichen Struktur, die jeweils ein gewisses Maß an eigenständiger Organisations- und Leitungsstruktur aufweisen muss. Beispiele sind:

- Produktionsabteilung und Verwaltungsabteilung

- Entwicklungsabteilung und Produktionsabteilung
- Pflegepersonal und IT-Abteilung eines Krankenhauses

Eine rein **personell-fachliche Abgrenzung** (zB alle Personalsachbearbeiter) ist nicht ausreichend, sofern sich nicht in Gesamtheit eine eigenständige Abteilung bilden lässt.

Räumlich abgrenzbar sind Abteilungen, wenn sie örtlich oder baulich getrennt sind. Eine weite Entfernung zwischen den Abteilungen ist nicht erforderlich. Weiterhin ist nicht erforderlich, dass sich die Arbeitnehmer der Abteilungen zugleich auch organisatorisch unterscheiden. Beispiele sind:

- räumlich getrennte und freistehende Produktionshallen
- einzelne Gebäude auf großem Werksgelände

Zusätzlich zur räumlichen oder organisatorischen Abgrenzbarkeit muss gerade die Durchführung einer Abteilungsversammlung aufgrund der **besonderen Belange der Abteilungen erforderlich** sein. Nur das Vorliegen einer organisatorischen oder räumlichen Abgrenzbarkeit genügt nicht für das Durchführen von Abteilungsversammlungen. Besondere Belange liegen insbesondere vor bei

- spezifischen Interessen der Arbeitnehmer oder
- erheblichen Unterschieden bei den inhaltlichen Themen der Abteilungen.

Die besonderen Belange müssen dergestalt sein, dass sie die Herausnahme der Abteilungsversammlung aus der Vollversammlung überwiegend sinnvoll erscheinen lassen. Dies ist zB dann zu bejahen, wenn ein Tagesordnungspunkt eine herausragende Bedeutung für eine Abteilung hat und die Erörterung in der Vollversammlung nicht hinreichend gewährleistet werden kann.

Es muss sich dabei nicht um dauerhafte Merkmale der Abteilung handeln. Die Voraussetzungen für eine Abteilungsversammlung müssen aber für die Mehrzahl der Bereiche vorliegen. Liegen nur für einen kleinen abgrenzbaren Bereich die Voraussetzungen vor, rechtfertigt dies nicht, den übrigen Abteilungen eine Vollversammlung nach § 42 Abs. 1 BetrVG vorzuenthalten (Fitting § 42 Rn. 70). In diesem Fall ist nur für die betroffene Abteilung eine Abteilungsversammlung durchzuführen.

Auch ein **Sonderbedarf** (zB ein erheblicher Personalabbau nur in einer Abteilung) kann eine Abteilungsversammlung rechtfertigen. In diesem Fall ist eine zusätzliche Abteilungsversammlung durchzuführen.

Die Entscheidung, ob Abteilungsversammlungen durchgeführt werden, trifft der BR durch **Beschluss** (→ *Frage 33: Braucht der Betriebsrat einen Einberufungsbeschluss?*). Die Aufteilung in Abteilungsversammlungen muss nicht begrenzt auf die jeweilige organisatorische oder räumliche Abgrenzbarkeit erfolgen. So können auch mehrere Bereiche, für die eigenständig jeweils eine Abteilungsversammlung durchgeführt werden könnte, zu einer gemeinsamen Abteilungsversammlung zusammengefasst werden (zB räumlich getrennte Arbeitnehmer eines Produktionsbetriebs). Auch **Teilversammlungen** können als Abteilungsversammlungen durchgeführt werden.

Der Arbeitgeber ist berechtigt, den Beschluss zur Durchführung von Abteilungsversammlungen gerichtlich überprüfen zu lassen. Sofern die Voraussetzungen nicht vorliegen, kann eine Abteilungsversammlung durch das Arbeitsgericht untersagt werden. In diesem Fall ist eine Vollversammlung durchzuführen.

42. Was ist bei der Einberufung von Wahlversammlungen zu beachten?

Sofern in betriebsratslosen, aber nach § 1 Abs. 1 BetrVG betriebsratsfähigen Betrieben ein Wahlvorstand zur Wahl eines BR bestellt werden soll, ist hierfür grds. ein bestehender GBR oder KBR zuständig (vgl. § 17 Abs. 1 BetrVG). Fehlt es an beiden oder unterlassen diese eine Bestellung, können drei wahlberechtigte Arbeitnehmer oder eine im Betrieb vertretene Gewerkschaft eine Wahlversammlung einberufen (→ *Frage 13: Wann findet eine Wahlversammlung statt?*).

Die Einberufung kann nur durch die Einberufungsberechtigten – also drei wahlberechtigte Arbeitnehmer – erfolgen. Für die Frage der **Wahlberechtigung** der einladenden Arbeitnehmer ist § 7 BetrVG maßgeblich. Danach sind wahlberechtigt

- alle Arbeitnehmer des Betriebs,
- die das **16. Lebensjahr** vollendet haben.

Leiharbeitnehmer zählen – trotz Wahlberechtigung bei mind. dreimonatigem Einsatz – nicht zum einladungsberechtigten Personenkreis (GK-BetrVG/Kreutz § 17 Rn. 22).

Es bestehen keine gesetzlichen Vorgaben an die **Form und Frist** der Einladung. Die Einladung muss jedoch so rechtzeitig erfolgen, dass möglichst alle Arbeitnehmer die Möglichkeit haben, von dieser Kenntnis zu erlangen. Das gleiche gilt für die Form, sodass auch hier eine geeignete Art und Weise zu wählen ist.

Hinsichtlich der erforderlichen Länge der Einladungsfrist, dh der Frist zwischen Aushang der Einladung und Durchführung der Betriebsversammlung, variiert die Rechtsprechung zwischen **drei Arbeitstagen** (LAG Baden-Württemberg 20.2.2009 – 5 TaBVGa 1/09) bis zu **zwei Wochen** (ArbG Hamburg 7.1.2015 – 27 BVGa 5/14), wobei jeweils die Umstände im Betrieb maßgeblich sind (Fitting BetrVG § 17 Rn. 17).

Praxistipp

Grundsätzlich sollte die Einladungsfrist nicht zu knapp bemessen werden. Bei der konkreten Bestimmung ist in den Blick zu nehmen, ob regelmäßig alle Arbeitnehmer im Betrieb anwesend sind oder ob zB viele Teilzeitarbeitnehmer nur unregelmäßig anwesend sind. Maßgeblich kann zB auch sein, ob alle Arbeitnehmer in einem oder mehreren Gebäuden arbeiten und deswegen die Kenntnisnahme erschwert ist. Regelmäßig sollte eine Ladungsfrist von einer Woche nicht unterschritten werden.

Für die **Bekanntmachung** ist in der Regel ein Aushang im Betrieb als ausreichend anzusehen (Fitting BetrVG § 17 Rn. 17). Auch eine Einladung mittels digitaler Kommunikationstechnik (zB per E-Mail) ist möglich, wenn sichergestellt ist, dass alle Arbeitnehmer hierzu Zugang und damit eine Kenntnisnahmemöglichkeit haben. In Betrieben mit vielen Arbeitnehmern, die nicht regelmäßig am Betriebssitz anwesend sind (zB Baubranche oder Außendienstmitarbeiter) wird ein zentraler Aushang im Hauptgebäude als ausreichend angesehen (Fitting BetrVG § 17 Rn. 18). In der Bekanntmachung sind **Datum, Zeit und Ort** der Versammlung anzugeben

→ *Muster 9: Einladung zur Wahl eines Wahlvorstandes*

Die einladenden Arbeitnehmer können (müssen aber nicht) Vorschläge für die **Zusammensetzung des Wahlvorstandes** in die Einladung aufnehmen. Weiterhin müssen die mind. drei einladenden Person **gemeinsam** aus der Einladung erkenntlich sein. Praktischerweise unterzeichnen diese über ihren Vor- und Nachnamen in Maschinenschrift noch handschriftlich die Einladung. Sofern eine digitale Einladung erfolgt, sollten aus dieser ebenfalls alle Namen der einladenden Personen hervorgehen.

43. Was ist bei der Einberufung von Jugend- und Auszubildendenversammlungen zu beachten?

Gem. § 71 BetrVG sind im Betrieb bestehende Jugend- und Auszubildendenvertretungen berechtigt, **vor oder nach jeder Betriebsversammlung** eine eigene betriebliche Jugend- und Auszubildendenversammlung einzuberufen.

Ziel der Vorschrift ist es, den Jugendlichen und Auszubildenden die Möglichkeit zu geben, die sie betreffenden Angelegenheiten gesondert zu erörtern. Die Versammlung ist grds. auch als **Vollversammlung** durchzuführen, kann aber im Bedarfsfall als Teilversammlung einberufen werden. Eine Abteilungsversammlung ist nicht zulässig (Fitting BetrVG § 71 Rn. 8).

Die entsprechenden Versammlungen sind nicht für alle Arbeitnehmer des Betriebes öffentlich und zugänglich, sondern nur für **Jugendliche und Auszubildende** gem. § 60 Abs. 1 BetrVG. Der **BR** ist gem. § 65 Abs. 2 S. 2 BetrVG berechtigt, ein Mitglied – in der Regel den Vorsitzenden – zu der Versammlung zu entsenden. Im Übrigen ergeben sich keine Unterschiede zum Teilnahmerecht ggü. den regulären Betriebsversammlungen (→ *Frage 45: Wer gehört zum teilnahmeberechtigten Personenkreis?*).

Die Einberufung von Jugend- und Auszubildendenversammlungen erfordert einen **Beschluss der JAV** und der **Zustimmung des BR**. Für den Beschluss der JAV genügt die einfache Mehrheit der JAV-Mitglieder. Der BR entscheidet über die Zustimmung nach pflichtgemäßem Ermessen, wobei die JAV bei der Beschlussfassung teilnahme- und stimmberechtigt ist. Der Zustimmungsbeschluss muss die Durchführung an sich, die zeitliche Lage und die Tagesordnung umfassen. Einer Zustimmung durch den Arbeitgeber bedarf es nicht.

Die Jugend- und Auszubildendenversammlungen sollen vor oder nach einer regelmäßigen Betriebsversammlung und während der Arbeitszeit stattfinden. Anders als der BR ist die JAV nicht zur regelmäßigen Durchführung von Versammlungen verpflichtet. Mit Zustimmung des BR, des Arbeitgebers und der JAV kann die Versammlung auch zu einem anderen Zeitpunkt stattfinden.

Auch **vor oder nach zusätzlichen** oder **außerordentlichen Betriebsversammlungen** kann eine Jugend- und Auszubildendenversammlung in Betracht kommen. Die Voraussetzungen für die Durchführung müssen dann auch bei der Jugend- und Auszubildendenversammlung vorliegen (→ *Frage 11: Worin unterscheiden sich zusätzliche und außerordentliche Betriebsversammlungen?*).

Im Übrigen gelten für die Jugend- und Auszubildendenversammlungen dieselben Grundsätze wie für Betriebsversammlungen.

V. Teilnahme an der Betriebsversammlung

Die Durchführung von Betriebsversammlungen betrifft die Festlegung des teilnahmeberechtigten Personenkreises und die Pflicht des BR, einen ordnungsgemäßen Ablauf der Versammlungen sicherzustellen. Das Kapitel behandelt den teilnahmeberechtigen Personenkreis und die Reichweite des Teilnahmerechts.

44. Sind Betriebsversammlungen öffentlich?

Nein, eine Betriebsversammlung ist nicht öffentlich (§ 42 Abs. 1 S. 2 BetrVG). Dadurch sollen betriebs- und sachfremde bzw. politische Einflüsse verhindert werden. Darüber hinaus soll eine unbefangene Aussprache unter den Teilnahmeberechtigten ermöglicht und gleichzeitig verhindert werden, dass außerbetriebliche Angelegenheiten erörtert werden. Aus dem **Grundsatz der Nichtöffentlichkeit** folgt, dass der Versammlungsleiter dafür Sorge zu tragen hat, dass

- die Betriebsversammlung **in geschlossenen Räumen** stattfindet (zur Zulässigkeit virtueller Betriebsversammlungen → *Frage 85: Dürfen Betriebsversammlungen mit Ton-/Bildaufnahmen aufgezeichnet oder gestreamt werden?*; → *Frage 65: Sind virtuelle bzw. hybride Betriebsversammlungen zulässig?*) und
- nur **teilnahmeberechtigte Personen** (→ *Frage 45: Wer gehört zum teilnahmeberechtigten Personenkreis?*) Zugang zu der Betriebsversammlung erhalten.

Beispiel

In einem vom LAG Baden-Württemberg am 13.3.2014 – 6 TaBV 5/13 entschiedenen Fall wurde ein Verstoß gegen den Grundsatz der Nichtöffentlichkeit festgestellt, da „auch Arbeitnehmer anderer Betriebe der Arbeitgeberin in Deutschland eingeladen waren und teilnahmen. Es war auch nicht gewährleistet, dass diese zu der Halle erst Zutritt erhielten, nachdem eine etwaige Betriebsversammlung für den Betrieb W. der Arbeitgeberin beendet war".

Werden in größerem Umfang unbefugte Personen zugelassen, liegt nicht nur ein **Verstoß** gegen den Grundsatz der Nichtöffentlichkeit vor. In diesem Fall handelt es sich auch nicht mehr um eine Betriebsversammlung iSd §§ 42 ff. BetrVG (LAG Baden-Württemberg am 13.3.2014 – 6 TaBV 5/13; Fitting BetrVG § 42 Rn. 48).

45. Wer gehört zum teilnahmeberechtigten Personenkreis?

Für Betriebsversammlungen gilt der **Grundsatz der Nichtöffentlichkeit**. Daraus folgt, dass nur ein begrenzter Personenkreis teilnahmeberechtigt ist.

Grundsätzlich sind **alle Arbeitnehmer eines Betriebes** teilnahmeberechtigt. Besteht eine **gem. § 3 BetrVG gebildete Einheit**, sind alle Arbeitnehmer dieser Einheit zur gemeinsamen Teilnahme an einer gemeinsamen Versammlung berechtigt (Fitting BetrVG § 42 Rn. 14). Bei einem **gemeinsamen Betrieb** sind alle Arbeitnehmer, die dem gemeinsamen Betrieb angehören, teilnahmeberechtigt.

Unerheblich ist, ob die teilnehmenden Arbeitnehmer aktiv oder passiv **wahlberechtigt** zum BR sind. Das Teilnahmerecht besteht ab dem ersten Tag der Betriebszugehörigkeit; eine Wartezeit gilt nicht. Unerheblich ist zudem auch, ob sie befristet oder in Teilzeit beschäftigt werden.

Teilnahmeberechtigt sind auf Seiten der Arbeitnehmer insbesondere auch:

- Arbeitnehmer in Elternzeit/Mutterschutz/Pflegezeit/Familienpflegezeit,
- jugendliche Arbeitnehmer,
- Arbeitnehmer in Altersteilzeit, im Blockmodell nur in der Aktivphase,
- Mitarbeiter im Home-Office,
- Außendienstmitarbeiter,
- Arbeitnehmer im Urlaub,
- Arbeitnehmer in Kurzarbeit,
- im Ausland tätige Arbeitnehmer, die weiterhin dem Betrieb angehören (LAG München 7.7.2010 – 5 TaBV 18/09),
- zugewiesene Beamte.

Eine Teilnahme kann auch während Zeiten der **Arbeitsunfähigkeit** in Betracht kommen, sofern die Ursache der Arbeitsunfähigkeit der Teilnahme und der Genesung nicht entgegensteht (zur Vergütung → *Frage 97: Wie wirkt sich Krankheit, Urlaub oder Elternzeit auf die Vergütung für die Teilnahme an einer Betriebsversammlung aus?*).

Auch **gekündigte Arbeitnehmer** können teilnahmeberechtigt sein. Im Fall einer ordentlichen Kündigung besteht das Teilnahmerecht grds. bis zum Ablauf der Kündigungsfrist. Anders zu beurteilen ist dies regelmäßig nur dann, wenn der Arbeitnehmer bis zum Ablauf der Kündigungsfrist unwiderruflich von der Arbeitspflicht freigestellt ist. Solange allerdings bei einem gekündigten Arbeitnehmer das Ausscheiden aus dem Arbeitsverhältnis und die damit verbundene Beendigung der Betriebszugehörigkeit noch nicht feststehen, bleibt das Teilnahmerecht regelmäßig bestehen. Daher können auch gekündigte Arbeitnehmer teilnahmeberechtigt sein, solange

- ein **Kündigungsschutzverfahren** gegen die Kündigung bei Gericht anhängig ist (LAG Mecklenburg-Vorpommern 30.1.2017 – 3 TaBVGa 1/17),
- der gekündigte Arbeitnehmer einen Anspruch auf **Weiterbeschäftigung** geltend macht bzw. tatsächlich im Betrieb weiterbeschäftigt wird (GK-BetrVG/Weber § 42 Rn. 17 mwN).

Ebenso wie Arbeitnehmer der Stammbelegschaft sind **Leiharbeitnehmer** im Entleiherbetrieb gem. § 14 Abs. 2 S. 2 AÜG teilnahmeberechtigt an Betriebsversammlungen. Für die Teilnahmeberechtigung gilt keine Wartefrist, dh sie sind ab dem ersten Tag ihres Einsatzes berechtigt, an Betriebsversammlungen im **Entleiherbetrieb** teilzunehmen (zur Vergütung → *Frage 98: Können auch Leiharbeitnehmer eine Vergütung beanspruchen?*). Unabhängig davon ist zu beachten, dass die Leiharbeitnehmer nach § 14 Abs. 1 AÜG auch während ihres Einsatzes im Entleiherbetrieb weiterhin dem entsendenden Betrieb ihres Vertragsarbeitgebers (des Entleihers) zugehörig bleiben. Daher können Leiharbeitnehmer auch an den Betriebsversammlungen in diesem **Verleiherbetrieb** teilnehmen.

Auszubildende sind grds. in ihrem Ausbildungsbetrieb teilnahmeberechtigt. Werden sie im Rahmen ihrer Ausbildung überwiegend in einem bestimmten Einsatzbetrieb („**aufgespaltenes Ausbildungsverhältnis**“) eingesetzt, sind sie auch in diesem teilnahmeberechtigt (BAG 24.8.2011 – 7 ABR 8/10).

Teilnahmeberechtigt ist in jedem Fall auch der **Arbeitgeber** (zu dessen Teilnahmerecht → *Frage 48: Besteht ein Teilnahmerecht des Arbeitgebers?*). Nicht teilnahmeberechtigt sind hingegen **leitende Angestellte gem. § 5 Abs. 3 BetrVG** und die in § 5 Abs. 2 BetrVG genannten Personen. **Leitende Angestellte** iSv § 5 Abs. 3 BetrVG haben nur dann ein Teilnahmerecht, wenn sie als Vertreter des Arbeitgebers an der Betriebsversammlung teilnehmen oder vom Arbeitgeber hinzugezogen wurden (→ *Frage 48: Besteht ein Teilnahmerecht des Arbeitgebers?*). In den übrigen Fällen können sie als „Zaungäste“ eine Betriebsversammlung nur mit Zustimmung von BR und Arbeitgeber verfolgen (Fitting BetrVG § 42 Rn. 15).

Betriebsfremde Dritte sind in der Regel nicht berechtigt, an Betriebsversammlungen teilzunehmen. Gem. § 46 Abs. 1 S. 1 BetrVG dürfen allerdings Beauftragte der im Betrieb vertretenen **Gewerkschaften** an der Versammlung teilnehmen (→ *Frage 53: Wie weit reicht das Teilnahmerecht von Gewerkschaftsbeauftragten?*). Gleiches gilt gem.

§ 46 Abs. 1 S. 2 BetrVG für den Beauftragten eines **Arbeitgeberverbandes,** dem der Arbeitgeber angehört. Voraussetzung des Teilnahmerechtes von Beauftragten eines Arbeitgeberverbandes ist allerdings, dass der Arbeitgeber selbst auch an der Versammlung teilnimmt (§ 46 Abs. 1 S. 2 BetrVG). Daher wird dieses Teilnahmerecht nicht als eigenes Recht der Arbeitgebervereinigung eingestuft. Dies wiederum hat zur Folge, dass im Streitfall nicht der Arbeitgeberverband, sondern nur der Arbeitgeber das Teilnahmerecht gerichtlich durchsetzen kann (Fitting BetrVG § 46 Rn. 21).

Teilnahmeberechtigt sind auch betriebsfremde Mitglieder eines **GBR**, **KBR** und **Wirtschaftsausschusses** des Unternehmens bzw. Konzerns (Fitting § 42 Rn. 18), wenn diese vom BR eingeladen werden. Bislang ungeklärt ist die Frage, ob diese Personen auch gegen den Willen des BR teilnehmen dürfen (BAG 28.11.1978 – 6 ABR 101/77). Ein solches eigenes Teilnahmerecht ist aber abzulehnen.

Der BR kann zudem **Gäste** zu einer Betriebsversammlung einladen, sofern deren Teilnahme sachdienlich ist. Dies ist in der Regel für Vertreter anderer Mitbestimmungsorgane wie zB Mitglieder des GBR oder KBR zu bejahen. Auch Sachverständige können teilnahmeberechtigt sein (→ *Frage 47: Darf ein Betriebsrat eigene Sachverständige/Rechtsvertreter zu einer Betriebsversammlung hinzuziehen?*). Gleiches gilt für **Dolmetscher**, sofern deren Hinzuziehung erforderlich ist (→ *Frage 71: Muss die Betriebsversammlung in deutscher Sprache durchgeführt werden?*; zur Kostentragung → *Frage 90: Kann die Erstattung von Übersetzungs- bzw. Dolmetscherkosten verlangt werden?*).

Nicht teilnahmeberechtigt sind zB **Pressevertreter**. In diesem Fall fehlt es regelmäßig an der Sachdienlichkeit und Erforderlichkeit.

Für das Teilnahmerecht an **Wahlversammlungen** gelten die Regelungen der §§ 42 ff. BetrVG. Daher sind auch bei diesen Versammlungen alle Arbeitnehmer inklusive der Leiharbeitnehmer eines Betriebes teilnahmeberechtigt. Auf die Wahlberechtigung kommt es auch hier nicht an.

Ein bestehendes Teilnahmerecht kann auch **gerichtlich** durchgesetzt werden (→ *Frage 54: Wie kann ein Teilnahmerecht durchgesetzt werden?*)

46. Darf auch die (Gesamt-) Schwerbehindertenvertretung an Betriebsversammlungen teilnehmen?

Gem. § 178 Abs. 8 SGB IX dürfen die Mitglieder der Schwerbehindertenvertretung an Betriebsversammlungen teilnehmen. Damit ist in jedem Fall eine betriebliche Schwerbehindertenvertretung teilnahmeberechtigt. Ein Teilnahmerecht besteht aber auch dann, wenn die Mitglieder der Schwerbehindertenvertretung selbst nicht Arbeitnehmer des Betriebes sind. Daher kann auch eine Gesamtschwerbehindertenvertretung teilnahmeberechtigt sein, auch wenn nicht alle Mitglieder der Vertretung dem Betrieb zugehören, in dem die Versammlung stattfindet. In diesem Fall liegt kein Verstoß gegen das Gebot der Nichtöffentlichkeit vor (BAG 12.12.2023 – 7 ABR 23/22). Das Bestehen einer Teilnahmeberechtigung kann auch gerichtlich festgestellt werden.

Formulierungsmuster

Antrag bei Gericht zur Feststellung der Teilnahmeberechtigung einer Gesamtschwerbehindertenvertretung nach BAG 12.12.2023 – 7 ABR 23/22

Es wird festgestellt, dass die Beteiligte zu 1 (Gesamtschwerbehindertenvertretung) berechtigt ist, an den vom Beteiligten zu 2 (Betriebsrat) einberufenen Betriebsversammlungen teilzunehmen.

Nimmt die (Gesamt-)Schwerbehindertenvertretung teil, hat sie auch eine **Rederecht** (→ *Frage 52: Wie weit reicht das Teilnahmerecht der teilnahmeberechtigten Personen?*).

Die (Gesamt-)Schwerbehindertenvertretung kann ihr Teilnahmerecht nur dann wahrnehmen, wenn ihr die Einberufung der Betriebsversammlung bekannt ist. Daher spricht vieles dafür, dass der BR (entsprechend § 46 Abs. 2 BetrVG) auch zur **Mitteilung des Termins der Betriebsversammlung** gegenüber der (Gesamt-)Schwerbehindertenvertretung verpflichtet ist (offengelassen von BAG 12.12.2023 – 7 ABR 23/22 Rn. 25).

47. Darf ein Betriebsrat eigene Sachverständige/Rechtsvertreter zu einer Betriebsversammlung hinzuziehen?

Der BR ist grds. berechtigt, eigene Sachverständige und Rechtsberater zu einer Betriebsversammlung einzuladen. Die Teilnahme von Sachverständigen verstößt nicht gegen das Gebot der Nichtöffentlichkeit (BAG 13.9.1977 – 1 ABR 67/75).

Von der Teilnahmeberechtigung zu unterscheiden ist die Frage der **Kostentragungspflicht**. Nehmen die Personen als Sachverständige iSv § 80 Abs. 3 BetrVG teil, setzt eine Kostentragung durch den Arbeitgeber eine vorherige Vereinbarung mit diesem voraus (BAG 19.4.1989 – 7 ABR 87/87). Ob die Teilnahme des Sachverständigen „erforderlich" iSv § 80 Abs. 3 BetrVG ist, muss im Einzelfall entschieden werden. Eine Erforderlichkeit kommt in Betracht, wenn der Sachverständige in der Betriebsversammlung zu einem Thema gem. § 45 BetrVG referieren soll und dem BR hierzu selbst die Sachkunde fehlt (Richardi BetrVG/Thüsing § 80 Rn. 101).

48. Besteht ein Teilnahmerecht des Arbeitgebers?

Hinsichtlich des Teilnahmerechts des Arbeitgebers ist nach der Art der Betriebsversammlung zu unterscheiden.

Bei **außerordentlichen Betriebsversammlungen,** die gem. § 43 Abs. 3 BetrVG auf Wunsch von ¼ der Arbeitnehmer oder auf Veranlassung des BR einberufen wurden, besteht kein erzwingbares Teilnahmerecht des Arbeitgebers. Der BR kann ihn allerdings gleichwohl zu diesen Versammlungen einladen; in diesem Fall gebietet der Grundsatz der vertrauensvollen Zusammenarbeit, dem Arbeitgeber auch die Tagesordnung mitzuteilen.

Ein erzwingbares Teilnahmerecht besteht allerdings

- bei **außerordentlichen Betriebsversammlungen**, die gem. § 43 Abs. 3 BetrVG **auf Wunsch des Arbeitgebers** einberufen wurden und
- gem. § 43 Abs. 2 BetrVG auch bei allen **regelmäßigen Betriebsversammlungen**. Finden Teilversammlungen zeitgleich statt, darf der Arbeitgeber zu allen Teilversammlungen **Vertreter** entsenden.

Das Teilnahmerecht besteht für die **gesamte Dauer** einer Betriebsversammlung (LAG Hessen 27.2.2017 – 16 TaBV 76/16). Wird dies vom BR rechtswidrig verweigert, kann auch hier eine gerichtliche Klärung herbeigeführt werden.

Formulierungsmuster

Antrag bei Gericht zur Feststellung der Teilnahmeberechtigung des Arbeitgebers nach LAG Hessen 27.2.2017 – 16 TaBV 76/16

Es wird festgestellt, dass der Beteiligte zu 1 (Arbeitgeber) berechtigt ist, für die gesamte Dauer der vom Beteiligten zu 2 (Betriebsrat) einberufenen regelmäßigen Betriebsversammlungen sowie der vom Beteiligten zu 2 (Betriebsrat) auf Wunsch des Beteiligten zu 1 (Arbeitgeber) einberufenen außerordentlichen Betriebsversammlungen teilzunehmen.

Das Teilnahmerecht des Arbeitgebers umfasst die Teilnahme der **gesetzlichen Vertreter** einer juristischen Person (zB der Geschäftsführer einer GmbH) bzw. des **Arbeitgebers in Person** (zB bei einem Einzelunternehmer). Besteht bei einer juristischen Person die Führung aus mehreren Personen (zB ein mehrköpfiger Vorstand einer AG), sind alle Mitglieder des Organs teilnahmeberechtigt und nicht nur das Mitglied des Organs, dass für Personalfragen zuständig ist (zB Personalvorstand einer AG).

Der Arbeitgeber ist aber auch berechtigt, einen oder mehrere **Vertreter** zu einer Betriebsversammlung zu entsenden (zur Berichterstattung durch Vertreter → *Frage 74: Darf der Arbeitgeber die Erstattung des Berichts an andere Personen übertragen?*). Der Vertreter muss über hinreichende Sach- und Fachkunde verfügen und Arbeitgeberfunktionen ausüben. Damit kommen vor allem **leitende Angestellte** des Betriebes als Vertreter in Betracht (Fitting BetrVG § 42 Rn. 15).

Finden **zeitgleiche Abteilungsversammlungen** statt, ist es in der Regel erforderlich, dass sich der Arbeitgeber auf allen Abteilungsversammlungen vertreten lassen kann, da er selbst nur an einer Versammlung teilnehmen kann. Umstritten ist, ob eine **Vertretung durch betriebsfremde Personen** – zB Rechtsanwälte – zulässig ist (Fitting BetrVG § 43

Rn. 28 einerseits und MHdB-ArbR/Lunk § 299 Rn. 34 andererseits).

Grundsätzlich kann der Arbeitgeber auch berechtigt sein, **Personen des Betriebes,** zB leitende Angestellte, hinzuziehen (zur Teilnahme von Vertretern einer Arbeitgebervereinigung → *Frage 45: Wer gehört zum teilnahmeberechtigten Personenkreis?*), wenn er persönlich an einer Betriebsversammlung teilnimmt. Dies kommt insbesondere bei sehr umfangreichen Betriebsversammlungen bzw. aufgrund der Komplexität der behandelnden Themen in Betracht. Hinsichtlich der Anzahl der hinzuziehbaren Personen ist der Arbeitgeber nicht begrenzt, wobei die Zuziehung der jeweiligen Personen erforderlich sein muss. Zudem hat der Arbeitgeber dem BR die hinzugezogenen Personen mitzuteilen.

Unzulässig dürfte es sein, wenn der Arbeitgeber seinerseits in Ausübung seines Weisungsrechts Arbeitnehmer des Betriebes hinzuzieht, die ein eigenes Teilnahmerecht an der Betriebsversammlung (zB Sachbearbeiter für Personalangelegenheiten) haben. In diesem Fall würde die Arbeitspflicht für den Arbeitgeber mit dem Recht auf Teilnahme an der Betriebsversammlung kollidieren. Etwas anderes gilt aber dann, wenn sich die Arbeitnehmer freiwillig dazu bereit erklären.

Auch wenn der Arbeitgeber selbst an Betriebsversammlungen teilnimmt, ist er grds. nicht berechtigt, betriebsfremde Personen (zB einen juristischen Beistand) hinzuziehen (Fitting BetrVG § 43 Rn. 28). Der BR ist mit Blick auf die Nichtöffentlichkeit auch grds. nicht berechtigt, eine solche Person zuzulassen.

49. Darf einer nicht tariffähigen Arbeitnehmerkoalition Zutritt zu einer Betriebsversammlung gewährt werden?

Grundsätzlich haben nicht tariffähige Arbeitnehmerkoalitionen ein Zutrittsrecht zum Betrieb zum Zwecke der Mitgliederwerbung. Das Zutrittsrecht richtet sich allerdings gegen den Arbeitgeber und nicht gegen den BR. Soweit eine nicht tariffähige Arbeitnehmerkoalition zu Zwecken der Mitgliederwerbung Zutritt verlangt, ist ein solcher Anspruch gegen den Arbeitgeber und nicht gegen den BR zu richten (BAG 22.5.2012 – 1 ABR 11/11). Das Zutrittsrecht kann aber allenfalls die **Vorräume einer Betriebsversammlung** umfassen, nicht dagegen den eigentlichen Versammlungsraum. Denn über diesen kann der Arbeitgeber während der Betriebsversammlung nicht verfügen; vielmehr steht dem BR während dieser Zeit das Hausrecht über diese Räumlichkeiten zu (→ *Frage 67: Wer hat das Ordnungs- und Hausrecht und wie weit reicht dieses?*). Es besteht damit für nicht tariffähige Arbeitnehmerkoalitionen kein Recht zum Betreten des Versammlungsraums. Ein Teilnahmerecht lässt sich auch nicht aus § 46 Abs. 1 S. 1 BetrVG ableiten (BAG 22.5.2012 – 1 ABR 11/11).

50. Darf nicht teilnahmeberechtigten Personen die Teilnahme an einer Betriebsversammlung gestattet werden?

Für Betriebsversammlungen gilt der Grundsatz der **Nichtöffentlichkeit**. Die Teilnahme von nichtberechtigten Personen stellt damit einen Verstoß gegen diesen Grundsatz dar. Der BR ist auch nicht berechtigt, nicht teilnahmeberechtigten Personen die Teilnahme zu ermöglichen. Grundsätzlich ist damit nicht teilnahmeberechtigten Personen der Zugang zur Versammlung zu verwehren bzw. sind diese aus der Versammlung auszuschließen (→ *Frage 68: Worauf ist bei der Gestaltung, Leitung und dem Ablauf der Versammlung zu achten?*; → *Frage 67: Wer hat das Ordnungs- und Hausrecht und wie weit reicht dieses?*).

Die geplante Anwesenheit einer nicht teilnahmeberechtigten Person kann dazu führen, dass eine Betriebsversammlung nicht mehr als solche anzusehen ist.

51. Besteht eine Teilnahmepflicht der Arbeitnehmer, des Arbeitgebers oder anderer Akteure?

Nein. Die Teilnahme an einer Betriebsversammlung ist für alle teilnahmeberechtigten Personen **frei-**

willig. Nimmt der Arbeitgeber an einer Betriebsversammlung unentschuldigt nicht teil, in der er seinen Bericht gem. § 43 Abs. 2 S. 3 BetrVG erstatten sollte, kann dies eine Pflichtverletzung darstellen (→ *Frage 73: Wann und wie muss der Arbeitgeber auf einer Betriebsversammlung Bericht erstatten?*).

52. Wie weit reicht das Teilnahmerecht der teilnahmeberechtigten Personen?

Das Teilnahmerecht umfasst grds. das Recht der teilnahmeberechtigten Person auf **Anwesenheit** während der gesamten Betriebsversammlung. Dazu zählen auch **Rede- und Antragsrechte** (→ *Frage 55: Bestehen Rede- bzw. Antragsrechte der Arbeitnehmer, des Arbeitgebers oder sonstiger Teilnehmer?*). Jeder Teilnehmer einer Betriebsversammlung und damit auch der Arbeitgeber darf für seine eigenen Zwecke schriftliche **Aufzeichnungen** über den Inhalt und Verlauf der Betriebsversammlung machen. Der Arbeitgeber ist aber nicht berechtigt, **Wortlautprotokolle** über die Betriebsversammlung anzufertigen (→ *Frage 84: Kann der Betriebsrat Aufzeichnungen des Arbeitgebers über den Inhalt der Betriebsversammlung verhindern?*). Zudem ist auch die Anfertigung von **Ton-, Bild- und Filmaufnahmen** (auch mit Smartphones) während einer Betriebsversammlung unzulässig. Der Versammlungsleiter kann ausnahmsweise solche Aufnahmen zulassen (→ *Frage 85: Dürfen Betriebsversammlungen mit Ton-/Bildaufnahmen aufgezeichnet oder gestreamt werden?*). Es besteht zwar ein Teilnahmerecht, aber keine **Pflicht zur Teilnahme**. Daher können teilnahmeberechtigte Personen ganz oder teilweise auf eine Teilnahme verzichten.

53. Wie weit reicht das Teilnahmerecht von Gewerkschaftsbeauftragten?

An allen Betriebsversammlungen können „Beauftragte der im Betrieb vertretenen Gewerkschaften beratend teilnehmen", § 46 Abs. 1 S. 1 BetrVG. Im Betrieb vertreten ist eine Gewerkschaft immer dann, wenn zumindest ein an der Betriebsversammlung teilnahmeberechtigter Arbeitnehmer Mitglied der Gewerkschaft ist. Sind im Betrieb **mehrere Gewerkschaften** vertreten, hat jede das Recht, Beauftragte zu entsenden. Mit der Beendigung der Betriebsversammlung endet deren Teilnahmerecht.

Die **Anzahl der Beauftragten**, die von einer im Betrieb vertretenen Gewerkschaft zu einer Betriebsversammlung entsandt werden können, ist gesetzlich nicht festgelegt. Allerdings muss sich diese in dem Rahmen halten, der für eine angemessene Beratung zu den Tagesordnungspunkten erforderlich ist. Regelmäßig genügt die Entsendung **eines Beauftragten**. Soweit die Tagesordnung weitreichend ist und Spezialwissen erfordernde Gegenstände erfasst, können von einer Gewerkschaft ausnahmsweise auch mehrere Beauftragte zu einer Betriebsversammlung entsandt werden.

Die Person des Beauftragten wird – in den durch Rechtsmissbrauch gezogenen Grenzen – allein von der Gewerkschaft bestimmt. Der Beauftragte muss weder Mitglied noch haupt- oder ehrenamtlicher Funktionär der Gewerkschaft sein. Die Gewerkschaft hat aber dem Arbeitgeber den Namen ihres Beauftragten mitzuteilen. Die Mitteilung muss so rechtzeitig erfolgen, dass der Arbeitgeber für einen ungehinderten Zutritt sorgen sowie eine etwaige Ablehnung der Person des Beauftragten prüfen kann.

Der Arbeitgeber kann der Teilnahme eines bestimmten Beauftragten nur unter dem Gesichtspunkt des Rechtsmissbrauchs widersprechen. Dies setzt voraus, dass aufgrund der Teilnahme der betreffenden Person objektiv ernsthaft mit einer **Störung des betrieblichen Geschehens** zu rechnen ist. Für die dafür notwendige Prognose spielt das frühere Verhalten des Gewerkschaftsbeauftragten eine wichtige Rolle; die Äußerung sachlicher Kritik in vorhergehenden Betriebsversammlungen genügt regelmäßig nicht. Wird unter vorstehenden Voraussetzungen ein Beauftragter zu Recht abgelehnt, kann die Gewerkschaft einen anderen Beauftragten entsenden (Fitting BetrVG § 46 Rn. 9).

Die Gewerkschaftsbeauftragten haben nicht nur ein Zutritts- und Anwesenheitsrecht. Vielmehr räumt ihnen das Gesetz ein **Recht auf beratende Teilnahme** ein. Dies umfasst insbesondere das Recht der Gewerkschaftsbeauftragten in der Betriebsversammlung,

- sich zu Wort zu melden (allerdings muss ihnen das Wort vom Versammlungsleiter erteilt werden, dh sie dürfen nicht ohne dessen Zustimmung das Wort ergreifen),
- Fragen zu stellen,
- zur Sache zu sprechen,
- sachliche (durchaus auch scharfe) Kritik an betrieblichen Zuständen oder dem Verhalten von Arbeitgeber oder des BR zu äußern,
- ihren gewerkschaftlichen Standpunkt zu den einzelnen Tagesordnungspunkten deutlich zu machen.

Die Gewerkschaftsbeauftragten dürfen aber **nicht**

- parteipolitische Äußerungen abgeben,
- bewusst oder ungeprüft Unwahrheiten über den Arbeitgeber behaupten,
- Misstrauen ggü. dem Arbeitgeber wecken,
- Arbeitnehmer abwerben oder betriebliche Regelungen zugunsten gewerkschaftstaktischer Erwägungen vereiteln,
- den Betriebsfrieden stören (zB durch die Aufforderung an die Belegschaft „die Brocken hinzuwerfen", sofern nicht ausnahmsweise die Voraussetzungen eines kollektiven Zurückbehaltungsrechtes vorliegen),
- Anträge stellen (zulässig ist allerdings, die Stellung von Anträgen anzuregen),
- abstimmen (sie haben kein Stimmrecht, nur ein Beratungsrecht).

54. Wie kann ein Teilnahmerecht durchgesetzt werden?

Verweigert der Arbeitgeber Arbeitnehmern die Teilnahme an einer (Teil-)Betriebsversammlung, kann der BR deren Teilnahme im **Beschlussverfahren** gerichtlich durchsetzen. Auch die betroffenen Arbeitnehmer können jeweils selbst ein entsprechendes Verfahren einleiten und ihren Zutrittsanspruch im Beschlussverfahren geltend machen. Dies wird in der Praxis aber regelmäßig nur dann relevant, wenn der BR einzelnen Arbeitnehmern die Teilnahme bzw. den Zutritt zur Betriebsversammlung verweigert. Im Regelfall wird die für eine einstweilige Verfügung erforderliche Dringlichkeit (Verfügungsgrund) gegeben sein.

Formulierungsmuster

Durchsetzung des Teilnahmerechts eines Arbeitnehmers auf Antrag des Betriebsrats mittels einstweiliger Verfügung

Der Beteiligte zu 2 (Arbeitgeber) wird im Wege einstweiliger Verfügung auf Antrag des Beteiligten zu 1 (Betriebsrat) verpflichtet, die Teilnahme des Beteiligten zu 3 (Arbeitnehmer) an der Betriebsversammlung am ...... (Datum) ab ...... Uhr zu dulden.

Durchsetzung des Teilnahmerechts eines Arbeitnehmers ggü. dem Arbeitgeber auf Antrag des Arbeitnehmers, verbunden mit der Aufhebung eines Hausverbotes

Der Beteiligte zu 2 (Arbeitgeber) wird im Wege einstweiliger Verfügung verpflichtet, das ggü. dem Beteiligten zu 1 (Arbeitnehmer) ausgesprochene Hausverbot für die am ...... (Datum) ab ...... Uhr stattfindende Betriebsversammlung zur Bestellung eines Wahlvorstandes zur Wahl eines Betriebsrats im Betrieb ...... aufzuheben und die Teilnahme des Beteiligten zu 1 (Arbeitnehmer) an dieser Betriebsversammlung ab ...... Uhr zu dulden.

Durchsetzung des Teilnahmerechts eines Gewerkschaftsbeauftragten ggü. dem Arbeitgeber auf Antrag der Gewerkschaft

Der Beteiligte zu 2 (Arbeitgeber) wird im Wege einstweiliger Verfügung auf Antrag der Beteiligten zu 1 (Gewerkschaft) verpflichtet, die Teilnahme von Frau/Herrn ...... als Beauftragte/Beauftragter der antragstellenden Gewerkschaft an der Betriebsversammlung am ...... (Datum) ab ...... Uhr zu dulden.

Durchsetzung des Teilnahmerechts des Beauftragten eines Arbeitgeberverbandes ggü. dem Betriebsrat auf Antrag des Arbeitgebers

Der Beteiligte zu 2 (Betriebsrat) wird im Wege einstweiliger Verfügung auf Antrag des Beteiligten zu 1 (Arbeitgeber) verpflichtet, die Teilnahme von Frau/Herrn ...... als Beauftragte/Beauftragter des Arbeitgeberverbandes XY an der Betriebsversammlung am ...... (Datum) ab ...... Uhr zu dulden.

Besonders relevant kann die Durchsetzung des Teilnahmerechts bei gekündigten Arbeitnehmern sein (zum Teilnahmerecht → *Frage 45: Wer gehört zum teilnahmeberechtigten Personenkreis?*).

Beispiel

In einem Beschlussverfahren vor dem LAG Mecklenburg-Vorpommern vom 30.1.2017 – 3 TaBV 1/17 machte ein Arbeitnehmer erfolgreich sein Teilnahmerecht an einer Betriebsversammlung geltend. Der Arbeitnehmer war zuvor außerordentlich gekündigt worden. Zudem wurde ihm ein Hausverbot erteilt. Gegen die Kündigung hatte der Arbeitnehmer Kündigungsschutzklage erhoben. Nach Auffassung des LAG ist aufgrund der Kündigungsschutzklage offen, ob der gekündigte Arbeitnehmer in den Betrieb zurückkehre. Für die Dauer des Verfahrens sei ihm deshalb der Zugang zu Betriebsversammlungen zu gewähren.

Soweit der BR das Teilnahmerecht von Arbeitnehmern durchsetzt, sind die hierfür erforderlichen **Kosten** (insbes. die Kosten eines Rechtsanwaltes) gem. § 40 Abs. 1 BetrVG vom Arbeitgeber zu tragen, da es sich insoweit um Kosten der Tätigkeit des BR handelt.

Werden die in ihrem Teilnahmerecht betroffenen **einzelnen Arbeitnehmer** in einem vom BR eingeleiteten Beschlussverfahren beteiligt bzw. leiten die Arbeitnehmer selbst ein Beschlussverfahren ein, um ihr Teilnahmerecht durchzusetzen, müssen sie die für sie damit verbundenen Kosten – unabhängig vom Verfahrensausgang – selbst tragen. Das Gesetz sieht hier keinen Anspruch auf Kostenerstattung vor. Die Arbeitnehmer können sich nicht auf § 40 Abs. 1 BetrVG berufen. Nach dieser Vorschrift hat der Arbeitgeber die „durch die Tätigkeit des Betriebsrats entstehenden Kosten" zu tragen. Darunter fallen zwar auch diejenigen Kosten, die ein BR-Mitglied zur ordnungsgemäßen Erfüllung seiner gesetzlichen Aufgaben als BR-Mitglied aufgewendet hat und die hierzu erforderlich waren (BAG 10.2.1999 – 7 ABR 60/97 Rn. 14). Mit der Durchsetzung eines einfachen Rechts auf Teilnahme an einer Betriebsversammlung durch einen Arbeitnehmer macht dieser zwar ein Recht geltend, das sich aus der Betriebsverfassung ergibt. Allerdings handelt es sich hier nicht um ein Recht, das dem Arbeitnehmer vom Gesetz als BR-Mitglied eingeräumt wurde. Daher kann der Arbeitnehmer vom Arbeitgeber auch **keine Kostenerstattung** nach § 40 Abs. 1 BetrVG verlangen. Sonstige materiell-rechtliche Erstattungsansprüche greifen in der Regel ebenfalls nicht, da im Beschlussverfahren auch kein prozessualer Kostenerstattungsanspruch besteht (BAG 2.10.2007 – 1 ABR 59/06). Daher muss der Arbeitnehmer auch bei einem erfolgreichen Beschlussverfahren seine Kosten (insbes. die eines Rechtsanwaltes) in der Regel selbst tragen.

55. Bestehen Rede- bzw. Antragsrechte der Arbeitnehmer, des Arbeitgebers oder sonstiger Teilnehmer?

Ein **Rederecht** auf Betriebsversammlungen haben:

- alle teilnehmenden und teilnahmeberechtigten Arbeitnehmer,
- der **Arbeitgeber** § 43 Abs. 2 S. 2 BetrVG,
- teilnehmende **Gewerkschaftsbeauftragte**,
- hinzugezogener **Beauftragter eines Arbeitgeberverbandes** (§ 46 Abs. 2 S. 2 BetrVG), soweit der Arbeitgeber dies wünscht (BAG 19.5.1978 – 6 ABR 41/75),
- **Gäste bzw. Sachverständige des BR,** soweit ein Bezug zum Tagesordnungspunkt besteht,
- **(Gesamt-)Schwerbehindertenvertretung** (BAG 12.12.2023 – 7 ABR 23/22).

Das Rederecht umfasst jeweils das Recht zur Stellungnahme, Erörterung und Fragen.

Ein **Antragsrecht** besteht grds. nur für alle teilnehmenden Arbeitnehmer sowie für die Betriebsversammlung insgesamt. Der **Arbeitgeber** hat kein eigenes Antragsrecht, es sei denn, eine Betriebsversammlung wurde gem. § 43 Abs. 3 S. 1 BetrVG auf seinen Wunsch hin einberufen (→ *Frage 72: Welche Rechte und Pflichten hat der Arbeitgeber bei einer Teilnahme?*; → *Frage 77: Wer kann eine Beschlussfassung beantragen?*). **Gewerkschaftsbeauftragten** und **Beauftragten der Arbeitgebervereinigung** kommt ebenfalls kein Antragsrecht zu.

Anträge können von einzelnen teilnehmenden **Arbeitnehmern** oder von der Betriebsversammlung insgesamt gestellt werden. Gegenstand eines Antrages kann zB die Aufforderung an den BR sein, eine bestimmte Betriebsvereinbarung abzuschließen. Anträge sind für den BR nicht bindend.

Verweigert der BR zu Unrecht ein Rede- bzw. Antragsrecht, kann auch dies gerichtlich geltend gemacht werden.

Formulierungsmuster

Antrag bei Gericht zur Feststellung und Durchsetzung eines Rederechts für den Beauftragten eines Arbeitgeberverbandes nach BAG 19.5.1978 – 6 ABR 41/75

Der jeweilige Leiter der vom Beteiligten zu 2 (Betriebsrat) einberufenen Betriebsversammlungen wird verpflichtet, auf Wunsch des Beteiligten zu 1 (Arbeitgeber) dem Beauftragten einer Arbeitgebervereinigung, welcher der Beteiligte zu 1 (Arbeitgeber) angehört, auf den Betriebsversammlungen das Wort zu erteilen.

56. Müssen bei einer Teilnahme Ab- und Rückmeldepflichten erfüllt werden?

Hierbei ist zwischen den Mitgliedern des BR und den teilnehmenden Arbeitnehmern zu unterscheiden.

Mitglieder des BR haben sich bei der Wahrnehmung von Betriebsratstätigkeiten grds. von ihrer arbeitsvertraglichen Tätigkeit abzumelden und bei Wiederaufnahme der Tätigkeit zurückzumelden (BAG 15.3.1995 – 7 AZR 643/94). Dies dient dem berechtigten Interesse des Arbeitgebers daran, auf den Arbeitsausfall umgehend reagieren und durch organisatorische Maßnahmen für Abhilfe sorgen zu können (BAG 29.6.2011 – 7 ABR 135/09 Rn. 25). An Betriebsversammlungen nehmen in der Regel alle Mitglieder des BR teil. Dementsprechend besteht für regelmäßige Betriebsversammlungen grundsätzlich keine Abmeldepflicht, da dem Arbeitgeber aufgrund der Einladung bereits Zeitpunkt und voraussichtliche Dauer der Versammlung ohnehin bekannt sind (BAG 15.3.1995 – 7 AZR 643/94). Anders zu beurteilen ist dies für außerordentliche Betriebsversammlungen, zu denen der Arbeitgeber nicht eingeladen werden muss. Wird der Arbeitgeber aber vom BR auch über Zeit und voraussichtliche Dauer dieser Versammlungen informiert, ist hier ebenfalls die Abmeldepflicht erfüllt. Eine Rückmeldepflicht kann bestehen, wenn die Betriebsversammlung vor dem Ende der individuellen Arbeitszeit des jeweiligen Betriebsratsmitglieds endet. Allerdings ist auch hier zu berücksichtigen, dass eine Ab- und Rückmeldepflicht von Mitgliedern des BR generell verneint wird, wenn eine vorübergehende Umorganisation der Arbeitseinteilung nicht ernsthaft in Betracht kommt (BAG 29.6.2011 – 7 ABR 135/09 Rn. 25). Dies wird bei einer Vollversammlung regelmäßig anzunehmen sein. Soweit eine Ab- und Rückmeldung nicht erfolgt, kann der Arbeitgeber verlangen, dass ihm die **Gesamtdauer der versammlungsbedingten Abwesenheit** vom einzelnen BR-Mitglied nachträglich mitgeteilt wird (BAG 29.6.2011 – 7 ABR 135/09 Rn. 26).

Die **Arbeitnehmer** sind grds. an allen Betriebsversammlungen teilnahmeberechtigt. Die Teilnahme bedarf keiner Zustimmung des Arbeitgebers. Gesetzlich ist auch nicht vorgesehen, dass sich Arbeitnehmer für Betriebsversammlungen beim Arbeitgeber anmelden müssen. Weitestgehend Einigkeit besteht darüber, dass sich Arbeitnehmer vor Aufsuchen des BR beim Arbeitgeber ab- und nach dem Aufsuchen des BR wieder zurückmelden müssen (zu § 39 Abs. 3 BetrVG vgl. Richardi BetrVG/Thüsing BetrVG § 39 Rn. 23). Dabei geht es aber um das Aufsuchen des BR und nicht um die Teilnahme an einer angekündigten Betriebsversammlung. Allerdings kann sich eine Pflicht zur Ab- und Rückmeldung unter Berücksichtigung der sog. Rücksichtnahmepflicht ergeben. Es besteht ein berechtigtes, von § 241 Abs. 2 BGB geschütztes **Organisationsinteresse** des Arbeitgebers. Ihm soll insbesondere ermöglicht werden, einen Arbeitsausfall zu überbrücken und zu entscheiden, ob und ggf. welche Maßnahmen er ergreifen will, um die aus seiner unternehmerischen Sicht unabdingbaren Arbeitsabläufe sicherzustellen (BAG 29.6.2011 – 7 ABR 135/09 Rn. 24). Dies spricht dafür, dass eine Abmeldepflicht im Einzelfall bestehen kann. Anders ist dies zu bewerten, wenn eine vorübergehende Umorganisation der Arbeitseinteilung nicht ernsthaft in Betracht kommt (BAG 29.6.2011 – 7 ABR 135/09 Rn. 25). Denn dann besteht kein schutzwürdiges Organisationsinteresse des Arbeitgebers.

57. Müssen Arbeitnehmer dem Arbeitgeber im Voraus verbindlich mitteilen, ob sie an einer Betriebsversammlung teilnehmen?

Für die Aufrechterhaltung der Betriebstätigkeit kann der Arbeitgeber ein Interesse daran haben, zu wissen, welche Arbeitnehmer an einer Betriebsversammlung teilnehmen wollen. Grundsätzlich sind alle Arbeitnehmer teilnahmeberechtigt, sodass der Arbeitgeber mit einer vollständigen Teilnahme rechnen muss. Die Befragung der Arbeitnehmer hinsichtlich **der Bereitschaft zur Teilnahme** an einer Betriebsversammlung kann unzulässig sein. Dies gilt jedenfalls dann, wenn

- der Befragung kein berechtigtes Arbeitgeberinteresse (zB Planung der Produktion) zugrunde liegt und/oder
- die Befragung unmittelbar ggü. dem einzelnen Arbeitnehmer durch direkte Ansprache erfolgt (ArbG Bremen-Bremerhaven 7.12.2005 – 7 BV 68/05).

Das unmittelbare Befragen einzelner Arbeitnehmer ist geeignet, diese unter Druck zu setzen und dazu zu bewegen, von der Teilnahme an einer Betriebsversammlung abzusehen. Darin liegt dann eine unzulässige Behinderung der Betriebsratstätigkeit iSv § 78 S. 1 BetrVG. Dies kann der BR gerichtlich untersagen lassen.

Formulierungsmuster

Antrag auf Untersagung der Befragung von Arbeitnehmern nach ArbG Bremen-Bremerhaven 7.12.2005 – 7 BV 68/05

Der Beteiligte zu 2 (Arbeitgeber) wird verpflichtet, es zu unterlassen, im Vorfeld einer vom Beteiligten zu 1 (Betriebsrat) einberufenen Betriebsversammlung Arbeitnehmerinnen und Arbeitnehmer einzeln zu befragen, wer an dieser Betriebsversammlung teilnehmen will.

In Betracht könnte aber eine arbeitgeberseitige Umfrage kommen, mit der lediglich die Arbeitsbereitschaft der Arbeitnehmer abgefragt wird. Die Teilnahme an einer solchen Umfrage sollte freiwillig und anonym erfolgen, um Druck auf die Arbeitnehmer zu vermeiden. Ein unzulässiger Druck kann sich auch hier ergeben, wenn die Abfrage unmittelbar ggü dem einzelnen Arbeitnehmer erfolgt.

58. Sind die teilnehmenden Arbeitnehmer während der Betriebsversammlung von ihrer Arbeitspflicht befreit?

Das ist für die verschiedenen Arten der Betriebsversammlungen unterschiedlich zu beurteilen (zur Vergütung bei Teilnahme → *Frage 94: Haben Arbeitnehmer Anspruch auf eine Vergütung für die Dauer der Teilnahme an einer Betriebsversammlung?*). Für die Teilnahme an den regelmäßigen Betriebsversammlungen gem. § 43 Abs. 1 S. 1 BetrVG sind die Arbeitnehmer im Falle der tatsächlichen Teilnahme von der Arbeitspflicht befreit.

Außerordentliche Betriebsversammlungen haben grds. außerhalb der Arbeitszeit stattzufinden, sodass eine Befreiung von der Arbeitspflicht ausscheidet. Dies ist anders, wenn eine außerordentliche Betriebsversammlung auf Antrag des Arbeitgebers stattfindet. In diesem Fall findet die Versammlung während der Arbeitszeit statt und die Arbeitnehmer sind freizustellen. Zudem können außerordentliche Betriebsversammlungen im Einvernehmen mit dem Arbeitgeber innerhalb der Arbeitszeit stattfinden, § 44 Abs. 2 S. 2 BetrVG. Auch in diesem Fall sind die teilnehmenden Arbeitnehmer von der Arbeitspflicht freizustellen.

Bei Teilversammlungen besteht in der Regel nur ein Teilnahmerecht – und damit eine Freistellung von der Arbeitspflicht – für **eine** Teilversammlung (→ *Frage 59: Dürfen Arbeitnehmer mehrfach an Teilversammlungen zum selben Gegenstand teilnehmen?*).

59. Dürfen Arbeitnehmer mehrfach an Teilversammlungen zum selben Gegenstand teilnehmen?

Teilversammlungen sind nur unter besonderen Voraussetzungen zulässig (→ *Frage 40: Wann sind*

Teilversammlungen zulässig?). Der BR hat den Teilnehmerkreis von Teilversammlungen genau zu bestimmen. Arbeitnehmer dürfen daher nur an der für sie vorgesehenen Teilversammlung teilnehmen. Der BR hat organisatorisch sicherzustellen, dass Arbeitnehmer (nur) einer Teilversammlung zugeordnet sind (→ *Frage 33: Braucht der Betriebsrat einen Einberufungsbeschluss?*; → *Frage 37: Wer ist wie (Inhalt und Form) zu Betriebsversammlungen einzuladen?*)

60. Was gilt für Arbeitnehmer, die nicht an der Betriebsversammlung teilnehmen?

Die Teilnahme an Betriebsversammlungen ist **freiwillig**. Nehmen Arbeitnehmer ganz oder teilweise nicht an dieser teil, sind sie von einer bestehenden Arbeitspflicht nicht befreit. Kann aufgrund einer Betriebsversammlung keine Arbeitsleistung erbracht werden (zB wegen vollständiger Schließung einer Filiale) und entfällt deshalb bei einem nicht an der Versammlung teilnehmenden Arbeitnehmer die Arbeit, stellt sich die Frage, ob auch hier ein **Vergütungsanspruch** besteht. Der gesetzliche Vergütungsanspruch nach § 44 BetrVG besteht hier nicht, da er eine tatsächliche Teilnahme an der Versammlung voraussetzt (→ *Frage 94: Haben Arbeitnehmer Anspruch auf eine Vergütung für die Dauer der Teilnahme an einer Betriebsversammlung?*). Damit gilt an sich der allgemeine Grundsatz „Ohne Arbeit kein Lohn". Allerdings wird vertreten, dass der Arbeitgeber hier in sog. **Annahmeverzug** gerät und daher ein Vergütungsanspruch nach § 615 BGB in Betracht kommt (Fitting BetrVG § 44 Rn. 35; aA MHdB-ArbR/Lunk § 299 Rn. 96).

Der Arbeitgeber ist grds. nicht berechtigt, Arbeitnehmern für die Nichtteilnahme an Betriebsversammlungen bezahlte Freizeit zuzusagen. Damit werden regelmäßig unzulässige Anreize zum Verzicht auf das Teilnahmerecht geschaffen. Darin liegt im Regelfall eine unzulässige Behinderung der Betriebsratstätigkeit iSv § 78 S. 1 BetrVG.

61. Zählt die Teilnahme an einer Betriebsversammlung als Arbeitszeit im Sinne des ArbZG und ist diese aufzuzeichnen?

Die Zeit für die Teilnahme an einer Betriebsversammlung unterfällt nach zutreffender Ansicht **nicht dem ArbZG** (Fitting BetrVG § 44 Rn. 32; aA OVG Münster 10.5.2011 – 4 A 1403/08; Wolmerath ArbRAktuell 2016, 136 (137)). Damit unterbricht die Teilnahme nicht die gesetzliche **Ruhezeit**. Die Teilnahmezeit zählt aber auch nicht als **Ruhepause**. Durch die Teilnahme an einer Betriebsversammlung kann zudem nicht gegen die gesetzliche **Höchstarbeitszeit** verstoßen werden.

Da die Zeiten der Teilnahme an Betriebsversammlungen nach zutreffender, freilich umstrittener Ansicht nicht als Arbeitszeit iSd ArbZG zählen, besteht auch auf dieser Grundlage **keine Aufzeichnungspflicht**. Ob und ggf. wie die Teilnahmezeiten in betrieblichen Zeiterfassungssystemen zu behandeln sind, unterliegt regelmäßig der Mitbestimmung des BR.

62. Besteht während der Teilnahme an einer Betriebsversammlung Unfallversicherungsschutz?

Für die Teilnahme an Betriebsversammlungen besteht für alle betriebsangehörigen Teilnehmer Versicherungsschutz in der gesetzlichen Unfallversicherung (BSG 15.5.2012 – B 2 U 8/11 R). Auch die Wege von und zu einer Betriebsversammlung unterliegen diesem Versicherungsschutz.

63. Dürfen Arbeitnehmer die Betriebsversammlung vorzeitig verlassen?

Da keine Teilnahmepflicht besteht, steht es Arbeitnehmern frei, die Betriebsversammlung vor Abschluss zu verlassen. Mit der Beendigung der Teilnahme lebt grds. auch die **Arbeitspflicht** wieder auf. Soweit aufgrund der individuellen Arbeitszeit des betreffenden Arbeitnehmers die Arbeitszeit noch nicht beendet ist, hat der Arbeitnehmer sich daher beim Arbeitgeber zurückzumelden und seine Arbeitsleistung anzubieten. Fehlt es an einer Beschäftigungsmöglichkeit, gerät der Arbeitgeber in Annahmeverzug und der Arbeitnehmer behält seinen Entgeltanspruch (→ *Frage 60: Was gilt für Arbeitnehmer, die nicht an der Betriebsversammlung teilnehmen?*).

VI. Ablauf/Durchführung der Betriebsversammlung

Dieses Kapitel behandelt alle Aspekte der Durchführung von Betriebsversammlungen (Hausrecht, Rede- und Antragsrechte, Beschlüsse der Versammlung). Dabei gelten die Ausführungen zur Durchführung von Betriebsversammlungen grds. für alle Arten der Betriebsversammlung, sofern nicht auf Unterschiede hingewiesen wird.

64. In welcher Form dürfen Betriebsversammlungen durchgeführt werden?

Betriebsversammlungen nach §§ 42 ff. BetrVG sind grds. in Form einer **Präsenzversammlung** durchzuführen, indem alle teilnahmeberechtigten Personen an einem Ort zusammenkommen und dort miteinander kommunizieren und diskutieren können (LAG Hamm 5.10.2020 – 13 TaBVGa 16/20 Rn. 7; zur Eignung des Raumes allg. → *Frage 15: Muss dem Betriebsrat ein bestimmter Raum für die Betriebsversammlung zur Verfügung gestellt werden?*). Umstritten ist, ob eine Betriebsversammlung nicht nur in Präsenz, sondern auch vollständig oder teilweise als **virtuelle Betriebsversammlung** durchgeführt werden kann (→ *Frage 65: Sind virtuelle bzw. hybride Betriebsversammlungen zulässig?*).

65. Sind virtuelle bzw. hybride Betriebsversammlungen zulässig?

Eine anlässlich der COVID-19-Pandemie geschaffene, zuletzt in § 129 Abs. 1 BetrVG verankerte Sonderregelung ermöglichte es dem BR, Betriebsversammlungen „mittels audio-visueller Einrichtungen" durchzuführen. Damit durften Betriebsversammlungen auch in virtueller Form durchgeführt werden, soweit sichergestellt wurde, dass „nur teilnahmeberechtigte Personen Kenntnis vom Inhalt der Versammlung nehmen können". Allerdings ist die **pandemiebedingte Sonderregelung** mit Ablauf des 7.4.2023 außer Kraft getreten. Damit stellt sich die Frage, ob Betriebsversammlungen auch weiterhin ganz oder teilweise in digitaler Form durchgeführt bzw. einzelne teilnahmeberechtigte Personen zu einer Präsenzversammlung zugeschaltet werden können.

Die wohl überwiegend vertretene Ansicht hält die Durchführung von virtuellen Betriebsversammlungen nach Auslaufen der Sonderregelung des § 129 Abs. 1 BetrVG für **unzulässig**. Nach dieser Sichtweise ist es

- weder zulässig, eine Betriebsversammlung in **virtueller Form** (zB per Teams oder Webex) durchzuführen,
- noch dürfen teilnahmeberechtigte Personen zu einer in Präsenz durchgeführten Betriebsversammlung zugeschaltet werden und digital an der Versammlung teilnehmen (**hybride Betriebsversammlung**).

Eine vollständig oder teilweise in virtueller Form durchgeführte Betriebsversammlung wäre nach dieser Sichtweise als **rechtswidrig** einzustufen und der BR würde mit der (teil-)virtuellen Durchführung seine aus §§ 42 ff. BetrVG folgende Pflicht zur Durchführung der Versammlung als Präsenzveranstaltung verletzen (Fitting BetrVG § 42 Rn. 1a).

Allerdings ist zu berücksichtigen, dass gewichtige Stimmen in der Literatur auch weiterhin davon ausgehen, dass virtuelle Betriebsversammlungen unter bestimmten Voraussetzungen weiterhin zulässig sind. So wird vertreten, dass unmittelbare Übertragungen von Präsenzversammlungen in Echtzeit (Streaming) nebst Zuschaltung teilnahmeberechtigter Personen und damit sog. **hybride Betriebsversammlungen** zulässig sind, sodass zB ein teilnahmeberechtigter Arbeitnehmer auch von seinem Home-Office aus der Versammlung in Echtzeit folgen kann (MHdB-ArbR/Lunk § 299 Rn. 22 mwN; Fitting BetrVG § 42 Rn. 46). Dabei muss allerdings

- der Grundsatz der **Nichtöffentlichkeit** gewahrt und durch technische Vorgaben sowie entsprechende Erklärungen der zugeschalteten teilnahmeberechtigten Personen sichergestellt werden, dass unbefugte Dritte keine Kenntnis vom Inhalt der Betriebsversammlung nehmen können (§ 129 Abs. 1 S. 1 BetrVG).

Die zugeschalteten Versammlungsteilnehmer können zB durch Setzen eines entsprechenden Häkchens im Anmeldefenster versichern, dass nur teilnahmeberechtigte Personen in dem von ihnen genutzten Raum anwesend sind und sie sich unverzüglich melden, sobald nicht teilnahmeberechtigte Personen den Raum betreten (vgl. BT-Drs. 19/28899, 20 zur Sicherstellung der Nichtöffentlichkeit von virtuellen Sitzungen des BR nach § 30 Abs. 2 S. 1 Nr. 3 BetrVG). Die **technischen Vorgaben** können neben der Verwendung einer verschlüsselten Verbindung etwa beinhalten, dass eine Zuschaltung der Teilnahmeberechtigten nur über eine Zwei-Faktor-Authentifizierung (zB Anmeldung mit Nutzername und Passwort sowie zusätzliche Eingabe eines per Mail oder SMS an den Teilnehmer versandten Sicherheitscodes) möglich ist.

Darüber hinaus ist darauf zu achten,

- dass die zugeschalteten teilnahmeberechtigten Personen die Betriebsversammlung nicht nur (passiv) verfolgen, sondern auch ihre sonstigen **Teilnahmerechte,** zB das Recht zur Stellungnahme (→ *Frage 52: Wie weit reicht das Teilnahmerecht der teilnahmeberechtigten Personen?*; → *Frage 55: Bestehen Rede- bzw. Antragsrechte der Arbeitnehmer, des Arbeitgebers oder sonstiger Teilnehmer?*) wahrnehmen können (zur Übertragung von Personalversammlungen nach § 58 Abs. 1 S. 1 BPersVG: BT-Drs. 19/28839, 10).

Solange nicht durch höchstrichterliche Rechtsprechung oder ausdrückliche gesetzliche Regelung klargestellt ist, dass virtuelle Betriebsversammlungen unzulässig sind, stellt eine unter Beachtung vorstehender Einschränkungen durchgeführte hybride Betriebsversammlung jedenfalls **keine grobe Pflichtverletzung** iSv § 23 BetrVG dar, die eine Auflösung des BR zur Folge haben kann.

Praxistipp

Der BR sollte bis zu einer höchstrichterlichen Klärung bzw. soweit und solange keine ausdrückliche Rechtsgrundlage besteht, Betriebsversammlungen nur im Einzelfall vollständig oder teilweise in virtueller Form durchführen. Soweit im Einzelfall teilnahmeberechtigten Personen die Zuschaltung zu einer in Präsenz veranstalteten Betriebsversammlung ermöglicht und damit eine hybride Betriebsversammlung durchgeführt werden soll, ist zur Wahrung der Nichtöffentlichkeit durch technische Vorgaben und entsprechende Erklärungen der zugeschalteten teilnahmeberechtigten Personen sicherzustellen, dass unbefugte Dritte keine Kenntnis vom Versammlungsinhalt nehmen können.

Auch wenn man von der Zulässigkeit einer hybriden Betriebsversammlung ausgeht, entscheidet der BR darüber, ob er die Betriebsversammlung in dieser Form oder aber in Form einer (reinen) Präsenzveranstaltung durchführt. Er hat hier einen **Beurteilungsspielraum**, der nur im Ausnahmefall (zB im Pandemiefall durch zwingende Vorgaben des Gesundheitsschutzes) eingeschränkt ist. Daher kann der Arbeitgeber dem BR im Regelfall nicht die für die Durchführung einer Präsenzversammlung notwendigen Kosten mit dem Verweis auf die Möglichkeit einer virtuellen Betriebsversammlung verweigern (LAG Hamm 5.10.2020 – 13 TaBVGa 16/20; Fitting BetrVG § 40 Rn. 113).

66. Wer leitet die Betriebsversammlung?

Die Leitung einer Betriebsversammlung obliegt dem BR. Das gilt auch dann, wenn die Versammlung auf Initiative des Arbeitgebers oder einer Gewerkschaft einberufen wurde. Innerhalb des BR ist grds. der **Vorsitzende** zur Leitung einer Betriebsversammlung verpflichtet (§ 42 Abs. 1 S. 1 BetrVG). Im **Verhinderungsfall** erfolgt die Leitung durch den stellvertretenden Vorsitzenden. Ist auch dieser verhindert, bestimmt der BR durch Beschluss den Leiter der Versammlung aus seinen Reihen. Werden mehrere Teilversammlungen parallel durchgeführt, bestimmt ebenfalls der BR, welches BR-Mitglied die jeweilige Versammlung leitet.

Bei Abteilungsversammlungen soll grds. ein BR-Mitglied die Versammlung leiten, das der entsprechenden Abteilung angehört. Auch hierüber entscheidet der BR durch **Beschluss**.

Für **Wahlversammlungen** gibt es keine gesetzliche Regelung zur Versammlungsleitung. Eine förmliche Wahl ist möglich, aber nicht zwingend erforderlich. Ausreichend ist, wenn eine der einladenden Personen die Versammlungsleitung übernimmt und dies von der Mehrheit der anwesenden Personen akzeptiert wird. In Betracht kommt auch, dass ein anderer Arbeitnehmer ausdrücklich oder konkludent als Versammlungsleiter akzeptiert wird.

Die **Jugend- und Auszubildendenversammlung** wird vom Vorsitzenden der JAV geleitet. Die Leitungsbefugnis entspricht dabei der Leitungsbefugnis des BR-Vorsitzenden in Betriebsversammlungen. Ein teilnehmendes BR-Mitglied ist berechtigt, in die Versammlungsleitung einzugreifen, wenn der Vorsitzende der JAV keinen ordnungsgemäßen Ablauf der Versammlung sicherstellt (Fitting § 71 Rn. 20).

67. Wer hat das Ordnungs- und Hausrecht und wie weit reicht dieses?

Da die Leitung von Betriebsversammlungen allein dem BR obliegt, hat dieser grds. auch das Ordnungs- und Hausrecht. Dieses wird dann vom Versammlungsleiter wahrgenommen. Der Versammlungsleiter hat für den ordnungsgemäßen und ungestörten Ablauf der Versammlung zu sorgen. Daher darf er zur **Aufrechterhaltung der Ordnung** in der Betriebsversammlung

- Teilnehmer bei Verstößen gegen die Ordnung von der Versammlung ausschließen bzw. Störern eine weitere Teilnahme untersagen und
- nicht teilnahmeberechtigten Personen den Zutritt verwehren bzw. diese aus der Versammlung entfernen.

Soweit keine anderen Mittel in Betracht kommen, um die Versammlung ordnungsgemäß durchzuführen, kommt als letztes Mittel auch die Auflösung der Versammlung in Betracht.

In **örtlicher Hinsicht** erstreckt sich das Hausrecht des BR

- auf den Versammlungsraum und die Zugangswege zum Ort der Betriebsversammlung aber
- nicht auf sonstige Räumlichkeiten in dessen Umfeld zB Vorräume des Versammlungsraums (BAG 22.5.2012 – 1 ABR 11/11 Rn. 24).

Das kann zB dann relevant werden, wenn es im Umfeld des Versammlungsraums zu Störungen kommt oder eine nicht tariffähige Arbeitnehmervereinigung einen Informationsstand aufbauen möchte (zum unzulässigen Verbot eines solchen Standes durch den Arbeitgeber: LAG Hamm 17.3.2005 – 10 TaBV 51/05; BAG 22.5.2012 – 1 ABR 11/11).

Das Hausrecht des Arbeitgebers für den Versammlungsraum und die unmittelbaren Zuwege ruht für die Dauer der Betriebsversammlung. Kommt es zu groben Verstößen des Versammlungsleiters, steht auch dem Arbeitgeber sein Hausrecht für den Versammlungsraum zu.

68. Worauf ist bei der Gestaltung, Leitung und dem Ablauf der Versammlung zu achten?

Die Gestaltung, Leitung und der Ablauf einer Betriebsversammlung sind vom BR zu organisieren.

Er hat darauf zu achten, dass Betriebsversammlungen grds. als **Präsenzveranstaltungen** durchzuführen sind (→ *Frage 65: Sind virtuelle bzw. hybride Betriebsversammlungen zulässig?*). Die Versammlungsleitung obliegt grds. dem BR-Vorsitzenden, seinem Stellvertreter oder einem beauftragten BR-Mitglied (→ *Frage 66: Wer leitet die Betriebsversammlung?*).

Sofern der Arbeitgeber oder ein Vertreter an der Versammlung teilnimmt, ist ihm ein **angemessener Platz** zu gewähren. Dieser sollte auf „Augenhöhe" mit dem BR sein und einen Blick über die Versammlungsteilnehmer ermöglichen.

Der Versammlungsleiter hat darauf zu achten, dass nur teilnahmeberechtigte Personen an der Betriebsversammlung teilnehmen. Den anderen Personen ist der Zugang zur Versammlung zu verwehren bzw. sind diese aus der Versammlung auszuschließen (→ *Frage 50: Darf nicht teilnahmeberechtigten Personen die Teilnahme an einer Betriebsversammlung gestattet werden?*; → *Frage 67: Wer hat das Ordnungs- und Hausrecht und wie weit reicht dieses?*).

Grundsätzlich ist im Rahmen der Versammlung die **Tagesordnung** abzuarbeiten. Die einzelnen Tagesordnungspunkte sind aufzurufen und müssen behandelt werden. Die Reihenfolge des **Rederechts** bestimmt der BR. Im Sinne einer effektiven Durchführung bietet sich folgende Reihenfolge an:

- Ausführungen des BR bzw. von ihm bestimmter Redner (zB Sachverständige),
- Gelegenheit zur Stellungnahme bzw. zu Rückfragen durch den Arbeitgeber,
- Gelegenheit zur Stellungnahme bzw. zu Rückfragen durch die Arbeitnehmer.

Wenn der Arbeitgeber seinen Bericht erstattet, führt dieser zunächst aus und anschließend erhält der BR und dann die versammelte Arbeitnehmerschaft Gelegenheit zur Stellungnahme und zu Rückfragen.

Hinsichtlich der Redebeiträge sollte der BR auf **angemessene Redezeiten** achten. Diese sollten im Vorfeld in der Versammlung kommuniziert werden (zB höchsten 3 Minuten je Redner), um Wiederholungen und ausschweifende Beiträge zu verhindern. Im Rahmen der Versammlung ist dann darauf zu achten, dass die Begrenzung der Redezeit bei allen Beiträgen gleichermaßen eingehalten wird.

Der Versammlungsleiter ist dafür zuständig, das **Rederecht** zu gewährleisten und zu moderieren. Er hat das Wort zu erteilen und kann Wortmeldungen auch unterbinden. Äußerungen sind insbesondere dann zu unterbinden, wenn dadurch **unzulässige Themen** behandelt werden (→ *Frage 29: Was sind Beispiele für zulässige und unzulässige Themen?*) oder gegen **Gesetze verstoßen** wird (zB bei Beleidigungen oder Volksverhetzung).

Soweit **Abstimmungen** erfolgen, sind diese per Handzeichen durchzuführen.

Der BR sollte ein Ablauf- und Ergebnisprotokoll von jeder Versammlung anfertigen. Gesetzlich vorgeschrieben ist dies aber nicht. Zur Fertigung einer Niederschrift siehe auch → *Frage 81: Ist über jede Betriebsversammlung vom Betriebsrat eine Niederschrift anzufertigen?*

Die Versammlung wird durch den Versammlungsleiter geschlossen und beendet, nachdem alle Tagesordnungspunkte abgearbeitet wurden. Bei Bedarf kann den teilnehmenden Arbeitnehmern eine **Teilnahmebescheinigung** ausgestellt werden, auf der Zeitpunkt und Zeitraum der Teilnahme bestätigt werden.

69. Muss der Betriebsrat einen Tätigkeitsbericht erstatten?

Der BR hat auf jeder **regelmäßigen Betriebsversammlung** (→ *Frage 16: Wie oft sind regelmäßige Betriebsversammlungen durchzuführen?*) einen Tätigkeitsbericht zu erstatten (§ 43 Abs. 1 S. 1 BetrVG). Mit dem Bericht wird über die Tätigkeit des BR seit der letzten Betriebsversammlung, in der ein Tätigkeitsbericht erstattet wurde, informiert. Gegenstand des Berichts können dabei alle in § 45 BetrVG genannten Themen (→ *Frage 28: Welche Themen können bzw. müssen auf einer Betriebsversammlung behandelt werden?*) sein. Der BR hat dabei auf die in den **Berichtszeitraum** fallenden Angelegenheiten einzugehen, die für die Arbeitnehmer bedeutsam sind (Fitting BetrVG § 43 Rn. 13) wie zB

- abgeschlossene Betriebsvereinbarungen,
- der Stand von Verhandlungen mit der Arbeitgeberseite,
- der Verlauf und Ausgang von Einigungsstellen- oder Beschlussverfahren.

Den Arbeitnehmern soll dadurch ein Überblick über die **Tätigkeit des BR** im Berichtszeitraum verschafft werden. Daher werden vom Tätigkeitsbericht auch

- die **Tätigkeit der Ausschüsse** des BR und
- die Tätigkeit der BR-Mitglieder in einem **GBR bzw. KBR**

erfasst, soweit diese den Betrieb betrifft bzw. für diesen von Bedeutung ist (Fitting BetrVG § 43 Rn. 13a). Umstritten ist, ob die Berichtspflicht auch

- die Tätigkeit des **Wirtschaftsausschusses** (vgl. Fitting BetrVG § 43 Rn. 13a) und
- die Tätigkeit der **Arbeitnehmervertreter im Aufsichtsrat** erfasst (dies ablehnend BAG 1.3.1966 – 1 ABR 14/65).

Bei **Teilversammlungen** (→ *Frage 7: Worin unterscheiden sich Voll- und Teilversammlung?*) ist jeweils vollständig Bericht zu erstatten. Bei Abteilungsversammlungen (→ *Frage 12: Was ist eine Abteilungsversammlung?*) kann der Bericht auf die besonderen Belange der Abteilung zugeschnitten werden, wobei auch hier die allg. interessierenden Fragen zu behandeln sind, soweit die **Abteilungsversammlung** eine regelmäßige Betriebsversammlung ersetzen soll (→ *Frage 16: Wie oft sind regelmäßige Betriebsversammlungen durchzuführen?*).

Der Tätigkeitsbericht ist nicht auf die Wiedergabe von **Tatsachen** beschränkt, dh er kann auch – soweit auch hier die gesetzlichen Verschwiegenheitspflichten des BR (zB aus §§ 79 Abs. 1, 99 Abs. 1 S. 3, 102 Abs. 2 S. 5 BetrVG) eingehalten werden – Wertungen, Überlegungen und Erwägungen, von denen sich der BR bei seiner Tätigkeit hat leiten lassen, enthalten (Fitting BetrVG § 43 Rn. 13b).

70. Wie und durch wen hat der Tätigkeitsbericht des Betriebsrats zu erfolgen?

Das Gesetz schreibt keine besondere **Form** für den Tätigkeitsbericht vor. Daher kann die Berichterstattung mündlich erfolgen, wobei dies in der Praxis häufig auf der Grundlage eines schriftlich niedergelegten Konzepts bzw. einer Präsentation erfolgt. Eine Pflicht des BR zur Erstellung eines schriftlichen Berichtes bzw. einer Präsentation besteht nicht.

Die Erstattung des Tätigkeitsberichtes erfolgt **durch den BR-Vorsitzenden** bzw. im Falle seiner Verhinderung durch seinen Stellvertreter. Der BR kann durch **Beschluss** auch ein anderes BR-Mitglied oder aber **auch mehrere BR-Mitglieder** mit der Berichterstattung beauftragen. Bei umfangreichen Tätigkeitsberichten bietet sich Letzteres regelmäßig an (Fitting BetrVG § 43 Rn. 16). In einer **Abteilungsversammlung** obliegt die Berichterstattung – soweit der BR nicht durch Beschluss ein anderes BR-Mitglied beauftragt hat – dem versammlungsleitenden BR-Mitglied (Fitting BetrVG § 43 Rn. 18).

Praxistipp

Der BR hat durch Beschluss nach § 33 BetrVG den Inhalt des Tätigkeitsberichtes festzulegen. Im Rahmen dieses Beschlusses sollte dann auch festgelegt werden, welches BR-Mitglied den Bericht erstattet und wer im Verhinderungsfall tätig wird. Die Berichterstattung in der Betriebsversammlung muss sich dann auch an den entsprechenden Beschluss halten. Daher darf eine Ergänzung des Berichts nicht erfolgen, soweit und solange sie nicht durch einen Beschluss des BR gedeckt ist.

Aus § 45 S. 2 BetrVG folgt, dass den Teilnehmern der Betriebsversammlung bzw. der Abteilungsversammlung ausreichend Gelegenheit zu geben ist, zum Tätigkeitsbericht des BR **Stellung zu nehmen**, darüber zu diskutieren und dem BR Anregungen und Hinweise zu geben (Fitting BetrVG § 43 Rn. 26; → *Frage 55: Bestehen Rede- bzw. Antragsrechte der Arbeitnehmer, des Arbeitgebers oder sonstiger Teilnehmer?*). Wird dies nicht ermöglicht, liegt darin – wie auch in einer pflichtwidrigen Unterlassung der Berichterstattung – eine Pflichtverletzung. Eine wiederholte und bewusste **Pflichtverletzung** kann sich im Einzelfall auch als grob iSv § 23 Abs. 1 BetrVG darstellen und eine Auflösung des BR rechtfertigen.

71. Muss die Betriebsversammlung in deutscher Sprache durchgeführt werden?

Im BetrVG findet sich keine ausdrückliche Regelung zur Sprache der Betriebsverfassung und damit auch nicht zu der Frage, in welcher Sprache eine Betriebsversammlung durchzuführen ist. Allerdings wird aus § 2 Abs. 5 WO 2001 abgeleitet, dass in einem in der Bundesrepublik Deutschland gelegenen Betrieb grds. deutsche bzw. deutschsprachige Arbeitnehmer tätig sind und innerhalb dieses Betriebes zwischen allen Akteuren der Betriebsverfassung auf **Deutsch als** sog. **Betriebssprache** kommuniziert wird (§ 80 Abs. 1 Nr. 7, § 88 Nr. 4 BetrVG). Daher sind die Betriebsparteien auch grds. berechtigt und verpflichtet, in deutscher Sprache zu kommunizieren, soweit nicht eine andere Betriebssprache als alleinige oder zusätzliche sog. Betriebssprache im Betrieb eingeführt wurde (Mückl/Butz ArbRAktuell 2013, 34, 36; Vogt/Oltmanns NZA 2014, 181, 183). Daher sind Betriebsversammlungen auch in der jeweils geltenden Betriebssprache, im Regelfall also auf Deutsch, durchzuführen.

Ausnahmsweise kann allerdings die **Hinzuziehung eines Dolmetschers** zu einer Betriebsversammlung (zur Einladung → *Frage 37: Wer ist wie (Inhalt und Form) zu Betriebsversammlungen einzuladen?*) in einer der folgenden Fallgestaltungen erforderlich sein (zur Kostentragung → *Frage 90: Kann die Erstattung von Übersetzungs- bzw. Dolmetscherkosten verlangt werden?*):

- **Gebärdendolmetscher**, soweit an der Betriebsversammlung gehörlose oder gehöreingeschränkte Arbeitnehmer teilnehmen,
- **Dolmetscher**, soweit an der Betriebsversammlung zahlreiche **der deutschen Sprache nicht ausreichend mächtige Betriebsangehörige** teilnehmen (LAG Düsseldorf 30.1.1981 – 16 TaBV 21/80; LAG Sachsen 10.10.2023 – 2 TaBVGa 2/23; Fitting BetrVG § 40 Rn. 19),
- **Dolmetscher**, soweit auf der Betriebsversammlung ein ausländischer, **der deutschen Sprache nicht hinreichend mächtiger Referent** zu einem nach § 45 BetrVG zulässigen Thema referiert (LAG Baden-Württemberg 16.1.1998 – 5 TaBV 14/96: Arbeitnehmer aus einer französischen Schwestergesellschaft, der gemeinsame Probleme im deutschen und französischen Schwesterbetrieb dargestellt hat).

Soweit die Hinzuziehung eines (Gebärden-)Dolmetscher ausnahmsweise erforderlich ist, hat dieser auch das **Recht zur Teilnahme** an der Betriebsversammlung (→ *Frage 45: Wer gehört zum teilnahmeberechtigten Personenkreis?*).

VII. Rechte und Pflichten des Arbeitgebers auf der Betriebsversammlung

Der Arbeitgeber hat ein Teilnahmerecht an vielen Betriebsversammlungen. Das Kapitel behandelt die arbeitgeberseitigen Rechte und Pflichten, wie zB das Rederecht und Berichtspflichten.

72. Welche Rechte und Pflichten hat der Arbeitgeber bei einer Teilnahme?

Der Arbeitgeber darf auf allen Betriebsversammlungen, bei denen er teilnahmeberechtigt ist (→ *Frage 48: Besteht ein Teilnahmerecht des Arbeitgebers?*) zu allen zulässigen Themen sprechen und auf den vom BR erstatteten Tätigkeitsbericht (→ *Frage 69: Muss der Betriebsrat einen Tätigkeitsbericht erstatten?*) eingehen. Das **Rederecht des Arbeitgebers** ist zwar nur für die regelmäßigen Betriebsversammlungen gesetzlich geregelt (vgl. § 43 Abs. 2 S. 2 BetrVG). Allerdings folgt dies auch für die übrigen Betriebsversammlungen, an denen der Arbeitgeber teilnehmen darf, aus dem Grundsatz der vertrauensvollen Zusammenarbeit (§ 2 Abs. 1 BetrVG) und aus dem allgemeinen Zweck der Betriebsversammlung, ein Forum zur Erörterung betrieblicher Angelegenheiten zu sein (MHdB-ArbR/Lunk § 299 Rn. 73). Soweit der Arbeitgeber von seinem Rederecht Gebrauch macht, wird – nach allerdings umstrittener Ansicht – vertreten, dass er dann auch verpflichtet ist, an ihn in diesem Zusammenhang gerichtete **Fragen zu beantworten** (→ *Frage 75: Muss der Arbeitgeber Fragen beantworten?*).

Die Willensbildung in der Betriebsversammlung ist eine Angelegenheit der Arbeitnehmer. Daraus folgt, dass der Arbeitgeber grds. **kein Antragsrecht** hat (Fitting BetrVG § 43 Rn. 32). Etwas anderes gilt aber dann, wenn die Betriebsversammlung auf Wunsch des Arbeitgebers nach § 43 Abs. 3 S. 1 BetrVG einberufen wurde (→ *Frage 55: Bestehen Rede- bzw. Antragsrechte der Arbeitnehmer, des Arbeitgebers oder sonstiger Teilnehmer?*; → *Frage 18: Wann werden außerordentliche Betriebsversammlungen durchgeführt?*). Hier besteht ein Antragsrecht (Richardi BetrVG/Annuß BetrVG § 43 Rn. 55; aA Fitting BetrVG § 43 Rn. 32). Allerdings hat der Arbeitgeber auch in diesen Fällen **kein Stimmrecht** (Fitting § 43 Rn. 32).

73. Wann und wie muss der Arbeitgeber auf einer Betriebsversammlung Bericht erstatten?

Der Arbeitgeber hat mind. **einmal pro Kalenderjahr** in einer Betriebsversammlung über

- das **Personal- und Sozialwesen** einschließlich der betrieblichen Personalplanung, des Stands der Gleichstellung von Frauen und Männern im Betrieb sowie der Integration der im Betrieb beschäftigten ausländischen Arbeitnehmer,

- die **wirtschaftliche Lage und Entwicklung** des Betriebs sowie über
- den **betrieblichen Umweltschutz** (vgl. § 89 Abs. 3 BetrVG)

zu berichten (§ 43 Abs. 2 S. 3 BetrVG, sog. **Jahresbericht**). Das Gesetz verbietet dem Arbeitgeber nicht, sich auf einer Betriebsversammlung zu den **Kosten der Betriebsratsarbeit** zu äußern. Bei Bestehen eines berechtigten Interesses darf sich der Arbeitgeber dazu äußern. Allerdings darf er durch die Art und Weise der Informationsgestaltung und -vermittlung den BR nicht in seiner Amtsführung beeinträchtigen (BAG 19.7.1995 – 7 ABR 60/94; BAG 12.11.1997 – 7 ABR 14/97; Fitting BetrVG § 43 Rn. 16).

Beispiel

Nach einer Entscheidung des ArbG Chemnitz 8.11.2023 – 9 BV 5/23 sind die Vergütungen der Betriebsratsmitglieder keine Kosten der Betriebsratsarbeit, die veröffentlicht werden dürfen. Nach Auffassung des ArbG schuldet der Arbeitgeber die Vergütungen aufgrund des Arbeitsvertrages und nicht aufgrund des Betriebsratsamtes. Daher darf der Arbeitgeber auch die Vergütung der Betriebsratsmitglieder nicht als Kosten der Betriebsratsarbeit bezeichnen und über diese berichten.

Die Erstattung des Jahresberichtes steht neben der Pflicht zur Unterrichtung über die wirtschaftliche Lage und Entwicklung des Unternehmens, die Arbeitgeber mit in der Regel mehr als 1.000 ständig beschäftigten Arbeitnehmern nach § 110 BetrVG einmal in jedem Kalendervierteljahr trifft (sog. **Vierteljahresbericht**). Mit dem Jahresbericht nach § 43 Abs. 2 S. 3 BetrVG kann zugleich der Vierteljahresbericht erfüllt werden (Fitting BetrVG § 110 Rn. 8).

In einem von mehreren Arbeitgebern (Unternehmen) gebildeten **gemeinsamen Betrieb** muss eine einheitliche Betriebsversammlung durchgeführt werden (zur Teilnahmeberechtigung → *Frage 45: Wer gehört zum teilnahmeberechtigten Personenkreis?*), auf der dann jedes beteiligte Unternehmen in seiner Eigenschaft als Arbeitgeber den Bericht zu erstatten hat (Fitting BetrVG § 43 Rn. 19). Der Bericht kann sowohl

- in einer **regelmäßigen Betriebsversammlung** (→ *Frage 16: Wie oft sind regelmäßige Betriebsversammlungen durchzuführen?*) als auch
- in einer **außerordentlichen Betriebsversammlung**, die auf Wunsch des Arbeitgebers einberufen wurde (→ *Frage 18: Wann werden außerordentliche Betriebsversammlungen durchgeführt?*), aber nicht auf einer vom BR einberufenen außerordentlichen Betriebsversammlung (Richardi BetrVG/Annuß BetrVG § 43 Rn. 15 mwN; dagegen LAG Hamburg 15.12.1988 – 2 TaBV 13/88)

erstattet werden. Dabei kann der Arbeitgeber **frei wählen**, auf welcher dieser Betriebsversammlungen er seine Berichtspflicht erfüllt (Fitting BetrVG § 43 Rn. 19). Die Berichterstattung kann auch erfolgen, wenn diese Versammlungen als **Teilversammlungen** (→ *Frage 40: Wann sind Teilversammlungen zulässig?*) durchgeführt werden; dabei ist der Bericht aber in sämtlichen Teilversammlungen ungekürzt zu erstatten. In einer **Abteilungsversammlung** (→ *Frage 41: Wann dürfen Abteilungsversammlungen einberufen werden?*) kann die Berichtspflicht nicht erfüllt werden (Fitting BetrVG § 43 Rn. 19).

Die Berichtspflicht wird durch **Betriebs- bzw. Geschäftsgeheimnisse** begrenzt; diese müssen weder offenbart noch „gefährdet" werden (vgl. § 43 Abs. 2 S. 3 BetrVG). Daher braucht der Arbeitgeber in seinem Bericht zB keine Investitionsvorhaben erwähnen, aus denen die Entwicklung eines neuen (bislang geheim gehaltenen) Produkts gefolgert werden kann.

Das Gesetz schreibt für die Berichterstattung keine besondere **Form** vor. Es wird daher vertreten, dass der Arbeitgeber seine Berichtspflicht auch durch die Verteilung eines **vorbereiteten Schriftstückes** bzw. einer Präsentation an die Teilnehmer der Betriebsversammlung erfüllen kann (MHdB-ArbR/Lunk § 299 Rn. 60). Nach anderer Ansicht wird vertreten, dass der Arbeitgeber den Bericht zwingend **mündlich** zu erstatten und damit den Teilnehmern der Betriebsversammlung eine Stellungnahme zu ermöglichen hat (Fitting BetrVG § 43 Rn. 17 mwN).

Verweigert der Arbeitgeber wiederholt pflichtwidrig die Erstattung des Jahresberichtes in den vom BR (pflichtgemäß) anberaumten regelmäßigen Betriebsversammlungen, dann kann darin ein grober Verstoß iSv § 23 Abs. 3 BetrVG liegen und damit einen **Anspruch auf Erfüllung** der Berichtspflicht begründen (Fitting BetrVG § 43 Rn. 27). Dieser Anspruch kann im Beschlussverfahren – auch durch **einstweilige Verfügung** – durchgesetzt werden (vgl. LAG Hamburg 15.12.1988 – 2 TaBV 13/88). Wird dem Arbeitgeber vorgeworfen, dass er den Jahresbericht lediglich unvollständig bzw. in Teilen unzutreffend erstattet hat, dann kann darin nur dann ein grober Verstoß iSv § 23 Abs. 3 BetrVG liegen, wenn der Arbeitgeber den gesetzlich vorgeschriebenen Mindestinhalt seines Jahresberichtes bewusst lückenhaft bzw. unzutreffend gestaltet hat.

Formulierungsmuster

Antrag bei Gericht zur Durchsetzung des Anspruchs auf Erstattung des Jahresberichts (einstweilige Verfügung nach LAG Hamburg 15.12.1988 – 2 TaBV 13/88)

Der/Dem Beteiligten zu 2 (Arbeitgeber) wird im Wege der einstweiligen Verfügung aufgegeben, auf einer der vom Beteiligten zu 1 (Betriebsrat) im Kalenderjahr ...... noch einzuberufenden regelmäßigen Betriebsversammlung über das Personal- und Sozialwesen einschließlich des Stands der Gleichstellung von Frauen und Männern im Betrieb sowie der Integration der im Betrieb beschäftigten ausländischen Arbeitnehmer, über die wirtschaftliche Lage und Entwicklung des Betriebs sowie über den betrieblichen Umweltschutz zu berichten.

Soweit der BR pflichtwidrig keine regelmäßigen Betriebsversammlungen einberuft, kann der Arbeitgeber nach § 43 Abs. 3 S. 1 BetrVG die **Einberufung einer außerordentlichen Betriebsversammlung** verlangen (→ *Frage 18: Wann werden außerordentliche Betriebsversammlungen durchgeführt?*), um dort dann seinen Bericht zu erstatten. Der Arbeitgeber ist dazu aber nicht verpflichtet.

74. Darf der Arbeitgeber die Erstattung des Berichts an andere Personen übertragen?

Die Erstattung des Jahresberichtes ist keine höchstpersönliche Pflicht des Arbeitgebers. Bereits der Gesetzestext verdeutlicht, dass der Bericht auch von einem „**Vertreter**" erstattet werden kann (§ 43 Abs. 2 S. 3 BetrVG). Darunter fällt bei juristischen Personen nicht nur das jeweilige Vertretungsorgan zB bei einer GmbH der Geschäftsführer. Vielmehr können auch sonstige Vertreter bestimmt werden. Die Bestimmung der Person des Vertreters – es können auch mehrere Personen bestimmt werden, was sich zB bei umfangreichen Jahresberichten anbietet – liegt im **Ermessen** des Arbeitgebers. Allerdings ist dabei zu beachten, dass der oder die vom Arbeitgeber bestimmte/n Vertreter mit den zu berichtenden Sachverhalten hinreichend vertraut ist/sind (MHdB-ArbR/Lunk § 299 Rn. 59). Der BR ist über die Vertretung vor der Betriebsversammlung zu informieren.

75. Muss der Arbeitgeber Fragen beantworten?

Ein vom Arbeitgeber in einer Betriebsversammlung erstatteter **Bericht** (→ *Frage 73: Wann und wie muss der Arbeitgeber auf einer Betriebsversammlung Bericht erstatten?*) kann in der Betriebsversammlung erörtert werden. Es wird vertreten, dass der Arbeitgeber in diesem Fall verpflichtet ist, sich einer **Diskussion** zu stellen und ggf. ergänzende bzw. erläuternde Angaben zu machen, soweit dadurch nicht Betriebs- oder Geschäftsgeheimnisse gefährdet werden (Fitting BetrVG § 43 Rn. 27). Allerdings wird vertreten, dass hier mangels entsprechender Regelung keine Pflicht des Arbeitgebers besteht, auf Fragen des BR oder der Belegschaft zu antworten (MHdB-ArbR/Lunk § 299 Rn. 54).

Angenommen wird hingegen, dass eine **Pflicht zur Beantwortung von Fragen** dann besteht, wenn der Arbeitgeber von seinem **Rederecht** (→ *Frage 72: Welche Rechte und Pflichten hat der Arbeitgeber bei einer Teilnahme?*) Gebrauch macht, soweit dem nicht besondere Umstände wie die Gefährdung von Betriebs- oder Geschäftsgeheimnissen entgegenstehen (vgl. Fitting BetrVG § 43 Rn. 31; aA MHdB-ArbR/Lunk § 299 Rn. 61, wonach die Beantwortung von Fragen im Ermessen des Arbeitgebers liegt).

VIII. Beschlüsse der Betriebsversammlung

Dieses Kapitel behandelt die Frage, ob die Betriebsversammlung Beschlüsse fassen kann, welche formellen Voraussetzungen dabei zu erfüllen sind und welche Rechtsfolgen diese Beschlüsse haben.

76. Kann die Betriebsversammlung Beschlüsse fassen?

Die kollektive Meinungsäußerung auf einer Betriebsversammlung durch Stellungnahmen, Willensäußerungen bzw. Anträge erfolgt durch **Beschluss**. Insoweit können auf einer Betriebsversammlung auch Beschlüsse gefasst werden. Allerdings sind weder der BR noch der Arbeitgeber an diese Beschlüsse gebunden und brauchen diesen nicht entsprechen (→ *Frage 80: Welche Wirkung haben die von der Betriebsversammlung gefassten Beschlüsse?*).

77. Wer kann eine Beschlussfassung beantragen?

Eine Beschlussfassung können grds. nur die **teilnahmeberechtigten Arbeitnehmer** (einschließlich der anwesenden Mitglieder des BR) beantragen (Fitting BetrVG § 42 Rn. 38). Der **Arbeitgeber** hat grds. kein Antragsrecht. Er kann daher auch keine Beschlussfassung beantragen. Etwas anderes gilt ausnahmsweise dann, wenn die Betriebsversammlung auf Wunsch des Arbeitgebers nach § 43 Abs. 3 S. 1 BetrVG einberufen wurde; allerdings hat der Arbeitgeber auch in diesen Fällen kein Stimmrecht (→ *Frage 72: Welche Rechte und Pflichten hat der Arbeitgeber bei einer Teilnahme?*).

78. Wer ist auf einer Betriebsversammlung stimmberechtigt?

Stimmberechtigt sind nur die an der Betriebsversammlung teilnahmeberechtigten Arbeitnehmer des Betriebs (→ *Frage 45: Wer gehört zum teilnahmeberechtigten Personenkreis?*), also auch die Mitglieder des BR. Der Arbeitgeber, die leitenden Angestellten sowie die Beauftragten der Verbände (§ 46 BetrVG) haben kein Stimmrecht. Dies gilt auch für den Beauftragten einer im Betrieb bzw. im BR vertretenen Gewerkschaft. Er nimmt an der Betriebsversammlung nur beratend teil (→ *Frage 53: Wie weit reicht das Teilnahmerecht von Gewerkschaftsbeauftragten?*).

79. Welche sonstige Anforderungen sind bei der Beschlussfassung zu beachten?

Für die Beschlussfassung in der Betriebsversammlung gelten im Übrigen folgende Grundsätze (Fitting BetrVG § 43 Rn. 38 ff.):

- Beschlüsse werden mit **einfacher Mehrheit** der abgegebenen Stimmen (Stimmenthaltungen sind nicht zu berücksichtigen) gefasst, wobei eine Mindestanzahl nicht vorgeschrieben ist und daher – bei ordnungsgemäß einberufener Betriebsversammlung – eine Beschlussfähigkeit auch dann besteht, wenn nur wenige Arbeitnehmer des Betriebs teilnehmen.
- Die Abstimmung erfolgt durch **einfaches Handheben** der stimmberechtigten Arbeitnehmer.

80. Welche Wirkung haben die von der Betriebsversammlung gefassten Beschlüsse?

Die von der Betriebsversammlung gefassten Beschlüsse binden weder den BR noch den Arbeitgeber. Diese brauchen den gefassten Beschlüssen grds. nicht entsprechen.

Beispiel

In einer Betriebsversammlung wird beschlossen, die geltende Betriebsvereinbarung zur Arbeits-

zeiterfassung schnellstmöglich zu beenden. Der BR ist an diesen Beschluss nicht gebunden. Die Kündigung einer Betriebsvereinbarung ist ausschließlich Sache des BR (§ 77 Abs. 2 BetrVG), der die Betriebsversammlung (aus rechtlichen Gründen) auch nicht vor dem Abschluss einer BV zu hören braucht. Dies kann aber bei grundlegenden und besonders wichtigen Betriebsvereinbarungen gleichwohl zu empfehlen sein (Fitting BetrVG § 42 Rn. 42).

Im Falle einer Beschlussfassung sollten der BR bzw. der Arbeitgeber die Berechtigung des Beschlusses sorgfältig prüfen und diesen – soweit dieser die Pflichten des BR bzw. des Arbeitgebers aus der Betriebsverfassung berührt – beachten. Andernfalls kann im Einzelfall eine **Vernachlässigung der gesetzlichen Pflichten** vorliegen, die uU ein Vorgehen nach § 23 Abs. 1 BetrVG rechtfertigen kann (Fitting BetrVG § 42 Rn. 41).

IX. Niederschrift/Aufzeichnung der Betriebsversammlung

Die Fertigung eines Protokolls bzw. einer Niederschrift ist nicht verpflichtend. Das Kapitel behandelt die wesentlichen Aspekte einer Niederschrift und die Möglichkeit von Videoaufzeichnungen.

81. Ist über jede Betriebsversammlung vom Betriebsrat eine Niederschrift anzufertigen?

Das Gesetz schreibt für Betriebsversammlungen – anders als für Sitzungen des BR (vgl. § 34 Abs. 1 BetrVG) – nicht vor, dass eine Niederschrift anzufertigen ist. Der BR ist also nicht gezwungen, eine **Niederschrift** (Versammlungsprotokoll) über den Verlauf bzw. das Ergebnis einer durchgeführten Betriebsversammlung zu erstellen. Daher kann der Arbeitgeber auch nicht die Erstellung eines Protokolls erzwingen (Fitting BetrVG § 42 Rn. 47 mwN auch zur aA). Der BR ist zwar nicht verpflichtet, aber berechtigt, ein Versammlungsprotokoll zu erstellen (Fitting BetrVG § 42 Rn. 37 zu **Inhalt und Form** des Protokolls → *Frage 82: Welche Form und welchen Inhalt muss die Niederschrift aufweisen und wie ist diese aufzubewahren?*). Dies erscheint zumindest bei Betriebsversammlungen zweckmäßig, in denen

- **Anträge bzw. Stellungnahmen** gem. § 45 S. 2 BetrVG erfolgt sind (→ *Frage 55: Bestehen Rede- bzw. Antragsrechte der Arbeitnehmer, des Arbeitgebers oder sonstiger Teilnehmer?*) bzw.
- **Beschlüsse** gefasst wurden (→ *Frage 76: Kann die Betriebsversammlung Beschlüsse fassen?*).

Ungeachtet dessen darf sich jeder Teilnehmer für seine eigenen Zwecke **schriftliche Aufzeichnungen** (zur Unzulässigkeit von Ton- bzw. Bildaufnahmen → *Frage 85: Dürfen Betriebsversammlungen mit Ton-/Bildaufnahmen aufgezeichnet oder gestreamt werden?*) über den Inhalt und Verlauf der Betriebsversammlung machen (Fitting BetrVG § 42 Rn. 47). Daher kann auch dem Arbeitgeber grds. nicht untersagt werden, über den Verlauf der Betriebsversammlung ein eigenes Protokoll anzufertigen (→ *Frage 84: Kann der Betriebsrat Aufzeichnungen des Arbeitgebers über den Inhalt der Betriebsversammlung verhindern?*). Allerdings ist der Arbeitgeber nach Auffassung einiger Gerichte nicht berechtigt, **Wortlautprotokolle** zu fertigen bzw. in seinem Protokoll Arbeitnehmer namentlich zu zitieren (LAG Düsseldorf 4.9.1991 – 4 TaBV 60/91; LAG Hamm 9.7.1986 – 3 Ta BV 31/86).

Beispiel

In dem vom LAG Hamm entschiedenen Fall wurde der Arbeitgeber zu jeder regelmäßigen Betriebsversammlung von zwei Sekretärinnen begleitet, die an eigens für sie bereitgestellten Tischen vollständige stenografische Wortlautprotokolle der Versammlungen angefertigt haben. Das Gericht sah in der detaillierten Protokollierung eine Einschränkung der freien Meinungsäußerung der Teilnahmeberechtigten in den Versammlungen.

82. Welche Form und welchen Inhalt muss die Niederschrift aufweisen und wie ist diese aufzubewahren?

Die Niederschrift zu einer Betriebsversammlung (Versammlungsprotokoll) unterliegt keinen Formvorgaben. Um der Dokumentationsfunktion eines Protokolls zu genügen, sollte es jedenfalls in **Textform** erstellt und zB als PDF-Datei in den Unterlagen des BR abgelegt werden. Das Versammlungsprotokoll sollte regelmäßig folgenden **Inhalt** aufweisen:

- Tagesordnung,
- Beginn und Ende der Versammlung,
- Zusagen des Arbeitgebers,
- Fragen, Vorschläge, Anträge, Beschwerden und Kritik der Belegschaft,
- gefasste Beschlüsse.

Das Protokoll ist vom Vorsitzenden des BR zu verwahren. Dieser hat sicherzustellen, dass das Protokoll vor dem unbefugten Zugriff Dritter hinreichend geschützt ist, zB durch **Ablage** in einem verschließbaren Aktenschrank oder einem vor unberechtigtem Zugriff geschützten Laufwerk (→ *Protokollführung für Betriebsräte / Frage 85: Wie und wo sind Protokolle zu verwahren?*).

Auch wenn vom BR ein Versammlungsprotokoll angefertigt wird, hat der Arbeitgeber (anders als bei Betriebsratssitzungen gem. § 34 Abs. 2 S. 1 BetrVG) grds. keinen Anspruch auf eine Abschrift.

83. Wer hat ein Recht auf Einsichtnahme in die aufbewahrten Niederschriften des Betriebsrats?

Eine vom BR über den Verlauf einer Betriebsversammlung gefertigte Niederschrift ist Teil der „Unterlagen des Betriebsrats" iSv § 34 Abs. 3 BetrVG. Daher können alle **Mitglieder des BR** auch derartige Protokolle einsehen. Dies gilt auch dann, wenn die Protokolle in digitaler Form, zB als PDF-Datei, abgelegt sind (→ *Betriebsratsarbeit digital / Frage 35: Haben Betriebsratsmitglieder das Recht auf Einsichtnahme in alle digitalen Unterlagen des Betriebsrats und seiner Ausschüsse?*). Das Gesetz sieht nur für Betriebsratsmitglieder ein Einsichtsrecht zu. Daher haben die **übrigen Teilnehmer** einer Betriebsversammlung (zB der Arbeitgeber) grds. kein Recht auf Einsichtnahme in die vom BR gefertigten Versammlungsprotokolle.

84. Kann der Betriebsrat Aufzeichnungen des Arbeitgebers über den Inhalt der Betriebsversammlung verhindern?

Jeder Teilnehmer einer Betriebsversammlung und damit auch der Arbeitgeber darf für seine eigenen Zwecke schriftliche Aufzeichnungen über den Inhalt und Verlauf der Betriebsversammlung erstellen (→ *Frage 81: Ist über jede Betriebsversammlung vom Betriebsrat eine Niederschrift anzufertigen?*). Daher kann auch dem Arbeitgeber grds. **nicht untersagt** werden, über den Verlauf der Betriebsversammlung ein eigenes Protokoll anzufertigen (LAG Baden-Württemberg 27.10.1978 – 9 TaBV 3/78; LAG Düsseldorf 4.9.1991 – 4 TaBV 60/91).

Allerdings ist es im Regelfall unzulässig, wenn mit dem Protokoll der Verlauf einer Betriebsversammlung in ihren Einzelheiten protokolliert und damit ein **Wortprotokoll** erstellt werden soll. Eine solch detaillierte Protokollierung widerspricht regelmäßig dem Grundsatz der vertrauensvollen Zusammenarbeit und gefährdet auch die freie Aussprache unter den Arbeitnehmern und damit den Zweck der Betriebsversammlung (LAG Hamm 9.7.1986 – 3 TaBV 31/86; Fitting BetrVG § 42 Rn. 47 mwN auch zur aA). Der BR kann daher regelmäßig dem Arbeitgeber – aber auch sonstigen Teilnehmern der Betriebsversammlung – die Anfertigung von Wortprotokollen untersagen und den damit verbundenen **Unterlassungsanspruch** ggf. auch gerichtlich verfolgen.

Formulierungsmuster

Antrag bei Gericht zur Durchsetzung des Anspruchs auf Unterlassung der Anfertigung eines Wortprotokolls nach LAG Hamm 9.7.1986 – 3 TaBV 31/86

Der/Dem Beteiligten zu 2 (Arbeitgeber) wird aufgegeben, es zu unterlassen, den Verlauf der vom Beteiligten zu 1 (Betriebsrat) einberufenen Betriebsversammlungen in allen Einzelheiten zu protokollieren und ein Wortprotokoll zu erstellen oder erstellen zu lassen.

85. Dürfen Betriebsversammlungen mit Ton-/Bildaufnahmen aufgezeichnet oder gestreamt werden?

Ton- und Bildaufnahmen von Betriebsversammlungen sind grds. unzulässig (vgl. die Sonderregelung aus Anlass der Covid-19-Pandemie in § 129 Abs. 1 S. 2 BetrVG; zur Zulässigkeit schriftlicher Aufzeichnungen → *Frage 81: Ist über jede Betriebsversammlung vom Betriebsrat eine Niederschrift anzufertigen?*). Sie dürfen nur mit dem vorher eingeholten **Einverständnis des Versammlungsleiters** angefertigt werden. Da eine Ton- bzw. Bildaufnahme in das allgemeine Persönlichkeitsrecht desjenigen eingreift, dessen Wort bzw. Bild aufgenommen wird, muss zudem die **Zustimmung der betroffenen Person/en** eingeholt werden.

Sollen (ausnahmsweise) Ton- bzw. Bildaufnahmen gefertigt werden, hat der Versammlungsleiter alle Teilnehmer darauf zuvor ausdrücklich hinzuweisen. Jeder Teilnehmer kann dann verlangen, dass für seine Äußerungen das Aufnahmegerät abgeschaltet bzw. von ihm (dem jeweiligen Teilnehmer) keine Bildaufnahme angefertigt wird (Fitting BetrVG § 42 Rn. 45). Wird dagegen verstoßen, liegt eine unbefugte Aufnahme vor, die regelmäßig nach § 201 StGB **strafbar** ist. Von einem Arbeitnehmer heimlich oder gegen den erklärten Willen der betroffenen Person angefertigte Ton- bzw. Bildaufnahmen stellen darüber hinaus eine grobe Verletzung der arbeitsvertraglichen Rücksichtnahmepflicht dar. Dies kann im Einzelfall auch eine **außerordentliche Kündigung** des Arbeitsverhältnisses nach sich ziehen (LAG Düsseldorf 28.3.1980 – 9 Sa 67/80).

Von der Aufzeichnung einer Betriebsversammlung ist deren **Übertragung** abzugrenzen. Eine Ton- bzw. Bildübertragung der Betriebsversammlung in andere Räume des Betriebes wird für zulässig erachtet (§ 58 Abs. 1 S. 1 BPersVG für vom Personalrat einberufene Personalversammlungen), solange sich dort (nur) teilnahmeberechtigte Personen aufhalten und damit der Grundsatz der Nichtöffentlichkeit (→ *Frage 44: Sind Betriebsversammlungen öffentlich?*) beachtet wird. Soweit auch hier sichergestellt wird, dass unbefugte Dritte vom Inhalt der Betriebsversammlung keine Kenntnis nehmen können, wird auch das **Streaming** der Versammlung für zulässig erachtet, sodass zB ein teilnahmeberechtigter Arbeitnehmer auch von seinem Home-Office aus der Versammlung in Echtzeit folgen kann (→ *Frage 65: Sind virtuelle bzw. hybride Betriebsversammlungen zulässig?*).

X. Kosten der Betriebsversammlung

Die Durchführung von Betriebsversammlungen ist mit Kosten und für die teilnehmenden Arbeitnehmer auch mit einem Zeitaufwand und ggf. Anreisekosten verbunden. In diesem Kapitel wird geklärt, wer welche Kosten zu tragen hat.

86. Wer trägt die Kosten einer Betriebsversammlung?

Die Kosten einer vom BR einberufenen, rechtmäßigen Betriebsversammlung sind Kosten der Tätigkeit des BR iSv § 40 Abs. 1 BetrVG. Daher hat der **Arbeitgeber** die erforderlichen Kosten zu tragen, die bei der Vorbereitung und Durchführung einer nach §§ 42 ff. BetrVG einberufenen Betriebsversammlung anfallen (Fitting BetrVG § 42 Rn. 52).

87. Ist eine Vereinbarung zwischen Betriebsrat und Arbeitgeber über die Kostenübernahme nötig?

Nein, die Pflicht des Arbeitgebers zur Übernahme der erforderlichen Kosten nach § 40 Abs. 1 BetrVG setzt im Regelfall keine vorherige Vereinbarung zwischen dem BR und dem Arbeitgeber voraus. Gleichwohl sollte der BR dem Arbeitgeber bereits im Vorfeld der Betriebsversammlung die (voraussichtlich) anfallenden Kosten mitteilen und diesen darum bitten, die Kostenübernahme zu bestätigen. Dies kann im Einzelfall helfen, Streitigkeiten über die Erforderlichkeit der Kosten einer Betriebsversammlung (→ *Frage 91: Wie kann der Betriebsrat die Übernahme der Kosten einer Betriebsversammlung durchsetzen?*) zu vermeiden.

88. Welche Kosten der Betriebsversammlung sind regelmäßig vom Arbeitgeber zu tragen?

Der Arbeitgeber hat nach § 40 Abs. 1 BetrVG die erforderlichen Kosten, die bei der Vorbereitung und Durchführung einer (gesetzlich zulässigen) Betriebsversammlung entstehen, zu tragen (→ *Frage 86: Wer trägt die Kosten einer Betriebsversammlung?*). Darunter fallen regelmäßig folgende Versammlungskosten:

- Kosten der Einladung, zB Portokosten,
- **Beleuchtung** und **Heizung** des Versammlungsraums (Fitting BetrVG § 42 Rn. 52),
- hinreichende **Bestuhlung**, **Lautsprecher** bzw. **Präsentationstechnik** (LAG Hessen 10.10.2013 – 5 TaBV 323/12 Rn. 15; MHdB-ArbR/Lunk § 299 Rn. 23).

Dies gilt auch dann, wenn die Betriebsversammlung außerhalb des Betriebsgeländes in einem externen Versammlungsraum stattfinden muss (→ *Frage 89: Muss der Arbeitgeber die Kosten für die Anmietung eines externen Versammlungsraums übernehmen?*). Zu den erforderlichen Kosten können im Einzelfall auch Übersetzungs- bzw. **Dolmetscherkosten** zählen (→ *Frage 90: Kann die Erstattung von Übersetzungs- bzw. Dolmetscherkosten verlangt werden?*).

89. Muss der Arbeitgeber die Kosten für die Anmietung eines externen Versammlungsraums übernehmen?

Grundsätzlich sind die Betriebsversammlungen in einem geeigneten Raum (→ *Frage 15: Muss dem Betriebsrat ein bestimmter Raum für die Betriebsversammlung zur Verfügung gestellt werden?*) auf dem Betriebsgelände durchzuführen. Nur wenn sich dort kein geeigneter Raum findet bzw. ein geeigneter Raum zu dem für die Betriebsversammlung vorgesehenen Zeitraum nicht zur Verfügung steht, kann die Betriebsversammlung **außerhalb des Betriebsgeländes** in einem externen Versammlungsraum stattfinden. Auch diesen hat der Arbeitgeber zur Verfügung zu stellen und ggf. anzumieten.

Soweit sich der Arbeitgeber weigert, einen geeigneten Versammlungsraum zur Verfügung zu stellen bzw. anzumieten, kann der BR hier auch selbst die **Anmietung** der Räume vornehmen (→ *Frage 14: Müssen Betriebsversammlungen auf dem Betriebsgelände durchgeführt werden?*). Der Arbeitgeber hat dann die mit der Anmietung verbundenen erforderlichen Kosten nach § 40 Abs. 1 BetrVG zu tragen (LAG Hamm 5.10.2020 – 13 TaBVGa 16/20; Fitting BetrVG § 42 Rn. 52). Der BR kann dafür vom Arbeitgeber auch einen **angemessenen Kostenvorschuss** beanspruchen und diesen im Einzelfall auch gerichtlich durchsetzen (→ *Frage 91: Wie kann der Betriebsrat die Übernahme der Kosten einer Betriebsversammlung durchsetzen?*).

Der BR muss sich vom Arbeitgeber nicht darauf verweisen lassen, dass sich die Kosten für den Versammlungsraum bzw. dessen Anmietung vermeiden lassen, soweit die Betriebsversammlung virtuell durchgeführt wird. Denn abgesehen davon, dass eine **virtuelle Betriebsversammlung** teilweise als unzulässig eingestuft wird, hat der BR hinsichtlich der Versammlungsform zumindest einen **Beurteilungsspielraum**, der nur im Ausnahmefall (zB im Pandemiefall durch zwingende Vorgaben des Gesundheitsschutzes) eingeschränkt ist (→ *Frage 65: Sind virtuelle bzw. hybride Betriebsversammlungen zulässig?*).

90. Kann die Erstattung von Übersetzungs- bzw. Dolmetscherkosten verlangt werden?

Zu den erstattungsfähigen Kosten einer Betriebsversammlung können – in Betrieben mit einem erheblichen Anteil ausländischer Arbeitnehmer, die der deutschen Sprache nicht hinreichend mächtig sind – auch Übersetzungs- bzw. **Dolmetscherkosten** gehören, soweit eine Übersetzung von Verlautbarungen des BR (zB des Tätigkeitsberichtes nach § 43 BetrVG) bzw. die Hinzuziehung eines Dolmetschers in der Betriebsversammlung erforderlich ist, um diese den gesetzlichen Anforderungen entsprechend durchführen zu können. Die Erforderlichkeit der Hinzuziehung eines Dolmetschers kann in folgenden Fallgestaltungen gegeben sein (→ *Frage 71: Muss die Betriebsversammlung in deutscher Sprache durchgeführt werden?*):

- **Gebärdendolmetscher**, soweit an der Betriebsversammlung gehörlose oder gehöreingeschränkte Arbeitnehmer teilnehmen,
- **Dolmetscher/Übersetzer**, soweit auf der Betriebsversammlung ein ausländischer, **der deutschen Sprache nicht hinreichend mächtiger Referent** zu einem nach § 45 BetrVG zulässigen Thema referiert (LAG Baden-Württemberg 16.1.1998 – 5 TaBV 14/96: Arbeitnehmer aus einer französischen Schwestergesellschaft, der gemeinsame Probleme im deutschen und französischen Schwesterbetrieb dargestellt hat),
- **Dolmetscher/Übersetzer**, soweit an der Betriebsversammlung zahlreiche **der deutschen Sprache nicht ausreichend mächtige Betriebsangehörige** teilnehmen (LAG Düsseldorf 30.1.1981 – 16 TaBV 21/80; LAG Sachsen 10.10.2023 – 2 TaBVGa 2/23; Fitting BetrVG § 40 Rn. 19).

Es obliegt dem BR, im Streitfall die Tatsachen darzutun, aus denen sich die **Erforderlichkeit der Hinzuziehung** eines Dolmetschers ergibt. Nicht ausreichend dafür ist die bloße Mitteilung, dass der BR die Erforderlichkeit geprüft und festgestellt hat, dass die Hinzuziehung eines Dolmetschers erforderlich sei. Vielmehr sind **Tatsachen** darzulegen, aus denen sich ergibt, dass an der Betriebsversammlung zahlreiche der deutschen Sprache nicht ausreichend mächtige Betriebsangehörige teilnehmen. Dazu kann der BR mittels **Fragebogen** ermitteln, welche der teilnahmeberechtigten Arbeitnehmer in welchen Sprachen über ausreichende Kenntnis verfügen, um an einer Betriebsversammlung teilzunehmen, ihr zu folgen und die bestehenden Teilnahmerechte auszuüben (LAG Sachsen 10.10.2023 – 2 TaBVGa 2/23). Die Erforderlichkeit eines Dolmetschers kann sich auch daraus ergeben, dass es in der Vergangenheit aufgrund fehlender bzw. unzureichender Übersetzungen bzw. Dolmetscherdienste zu erheblicher **Unruhe, Verzögerungen bzw. Informationsdefiziten** bei den Betriebsversammlungen gekommen ist. Insoweit obliegt es dem BR, dies mit substantiierten Sachvortrag zu unterlegen, worin die Unruhe bzw. Informationsdefizite konkret in welchem Umfang und mit welcher Häufigkeit bestanden und welche Mitarbeiter, jedenfalls mit welcher Sprache betroffen waren (LAG Sachsen 10.10.2023 – 2 TaBVGa 2/23).

Soweit im Einzelfall Übersetzungsleistungen bzw. die Hinzuziehung eines Dolmetschers erforderlich sind, bedeutet dies nicht, dass sämtliche Übersetzungs- bzw. Dolmetscherkosten vom Arbeitgeber zu tragen sind. Vielmehr gilt für die Pflicht des Arbeitgebers zur Kostentragung nach § 40 Abs. 1 BetrVG der **Grundsatz der Verhältnismäßigkeit**. Der BR darf den Arbeitgeber nur mit Kosten belasten, die er der Sache nach für verhältnismäßig und deshalb auch für den Arbeitgeber zumutbar halten darf. Der BR hat deshalb darauf bedacht zu sein, die durch seine Tätigkeit verursachten Kosten auf das notwendige Maß zu beschränken (BAG 25.5.2005 – 7 ABR 45/04; Fitting BetrVG § 40 Rn. 10). Im Streitfall ist zu prüfen, ob die anfallenden Übersetzungs- bzw. Dolmetscherkosten angesichts der konkreten betrieblichen Verhältnisse dem Arbeitgeber **zumutbar** sind. Entscheidend ist, ob die Kosten unter Berücksichtigung des Inhalts und Umfangs der Betriebsversammlung mit der Größe und Leistungsfähigkeit des Betriebs zu vereinbaren sind (LAG Sachsen 10.10.2023 – 2 TaBVGa 2/23; zu Schulungskosten BAG 17.11.2021 – 7 ABR 27/20 Rn. 22).

Beispiel

In einem vom LAG Sachsen am 10.10.2023 – 2 TaBVGa 2/23 entschiedenen Fall wurde darüber gestritten, ob für die am 18.10.2023 stattfindenden zwei Teilbetriebsversammlungen jeweils die Beauftragung von

- *zwei Simultandolmetscher für die Übersetzung Deutsch/Englisch,*
- *zwei Simultandolmetscher für die Übersetzung Deutsch/Polnisch,*
- *zwei Simultandolmetscher für die Übersetzung Deutsch/Arabisch in der Hochsprache,*
- *zwei Simultandolmetscher für die Übersetzung Deutsch/Persisch und*
- *zwei Simultandolmetscher für die Übersetzung Deutschen/Tigrinisch*

erforderlich ist und die für die Hinzuziehung der Simultandolmetscher verbundenen Kosten von zusammen ca. 31.000 EUR verhältnismäßig sind.

Das LAG stufte diese Kosten als unverhältnismäßig ein, zumal auf den Teilbetriebsversammlungen (lediglich) der Tätigkeitsbericht des Betriebsrats, der Rechenschaftsbericht des Arbeitgebers, das betriebliche Eingliederungsmanagement und Diskriminierung als Themen vorgesehen waren.

91. Wie kann der Betriebsrat die Übernahme der Kosten einer Betriebsversammlung durchsetzen?

Weigert sich der Arbeitgeber, die bei der Vorbereitung und Durchführung einer nach §§ 42 ff. BetrVG einberufenen Betriebsversammlung anfallenden Kosten zu übernehmen, kann der BR den Anspruch auf Kostenübernahme gerichtlich im **Beschlussverfahren** vor dem Arbeitsgericht verfolgen (Fitting BetrVG § 40 Rn. 138).

Steht für die Betriebsversammlung kein geeigneter Raum auf dem Betriebsgelände zur Verfügung oder weigert sich der Arbeitgeber, einen geeigneten Raum zur Verfügung zu stellen bzw. anzumieten, kann der BR hier auch selbst die **Anmietung** externer Räume vornehmen (→ *Frage 89: Muss der Arbeitgeber die Kosten für die Anmietung eines externen Versammlungsraums übernehmen?*). Der BR kann dafür vom Arbeitgeber auch einen angemessenen **Kostenvorschuss** beanspruchen (Fitting BetrVG § 40 Rn. 113). Da der BR vermögenslos ist, besteht hier regelmäßig auch ein Verfügungsgrund, sodass der Anspruch auf einen Kostenvorschuss auch **mittels einstweiliger Verfügung** verfolgt werden kann.

Formulierungsmuster

Antrag bei Gericht zur Durchsetzung eines Anspruchs auf Kostenvorschuss zur Anmietung eines geeigneten Versammlungsraums nach LAG Hamm 5.10.2020 – 13 TaBVGa 16/20

Der/Dem Beteiligten zu 2 (Arbeitgeber) wird im Wege der einstweiligen Verfügung aufgegeben, an den Beteiligten zu 1 (Betriebsrat) einen Vorschuss in Höhe von ...... EUR (netto) für die Durchführung einer regelmäßigen Betriebsversammlung im ...... Quartal des laufenden Kalenderjahres in folgenden Räumlichkeiten zu zahlen: ...... (externer Versammlungsraum, zB Anhaltisches Theater Dessau, Friedensplatz 1a, 06844 Dessau-Roßlau).

92. Welche Kosten sind im Regelfall nicht vom Arbeitgeber zu übernehmen?

Folgende Kosten sind im Regelfall **nicht** als erstattungsfähige Kosten einer Betriebsversammlung einzustufen:

- **Bewirtungskosten** (→ *Frage 93: Sind die Kosten für die Bewirtung der Teilnehmer bzw. Referenten einer Betriebsversammlung vom Arbeitgeber zu tragen?*),
- **Kinderbetreuungskosten** (→ *Frage 103: Sind weitere Kosten (zB für Kinderbetreuung) zu erstatten?*).

93. Sind die Kosten für die Bewirtung der Teilnehmer bzw. Referenten einer Betriebsversammlung vom Arbeitgeber zu tragen?

Es zählt nicht zu den dem BR gesetzlich auferlegten Aufgaben (§§ 42 ff. BetrVG), die Teilnehmer einer Betriebsversammlung zu bewirten. Die **Bewirtung der Teilnehmer** und die damit verbundenen Kosten sind nicht den Aufgaben des BR, sondern der persönlichen Lebensführung der Teilnehmer zuzuordnen. Sie unterliegen daher nicht der Kostenerstattungspflicht des Arbeitgebers nach § 40 Abs. 1 BetrVG (LAG Nürnberg 25.4.2012 – 4 TaBV 58/11; Fitting BetrVG § 42 Rn. 52). Dies gilt auch im Falle einer **mehrstündigen Betriebsversammlung** (zur Dauer → *Frage 23: Wie lang darf bzw. muss eine Betriebsversammlung (einschließlich Pausen) dauern?*).

Beispiel

In einem vom LAG Nürnberg am 25.4.2012 – 4 TaBV 58/11 entschiedenen Fall wurde darauf hingewiesen, dass der BR einer Erschöpfung der Teilnehmer an seinen regelmäßig sechs- bis sie-

benstündigen Betriebsversammlungen dadurch vorbeugen kann, dass angemessene Pausenunterbrechungen stattfinden. Diese können die Teilnehmer dann auch dazu nutzen, sich im erforderlichen Umfang mit Speisen und Getränken zu stärken, wobei die Verpflegung auch hier der persönlichen Lebensführung der Teilnehmer zuzuordnen ist.

Bewirtungskosten betreffen auch dann die persönliche Lebensführung und sind damit vom Arbeitgeber nicht zu erstatten (LAG Baden-Württemberg 16.1.1998 – 5 TaBV 14/96; LAG Nürnberg 25.4.2012 – 4 TaBV 58/11), wenn sie dazu dienen,

- die **aktiv** an der Leitung der Betriebsversammlung **mitwirkenden BR-Mitglieder** und/oder
- eine aktiv als **Referent** an der Betriebsversammlung mitwirkende Person zu verpflegen.

XI. Vergütung/Verdienstausfall/(Reise-)kosten der Teilnehmer

Für Arbeitnehmer stellt sich die Frage, ob sie für ihre Teilnahme an einer Betriebsversammlung eine Vergütung erhalten und ob die mit der Versammlungsteilnahme verbundenen Kosten erstattet werden. Diese Fragen werden in diesem Kapitel behandelt.

94. Haben Arbeitnehmer Anspruch auf eine Vergütung für die Dauer der Teilnahme an einer Betriebsversammlung?

Die Zeiten der Teilnahme an

- einer Betriebsversammlung zur Bestellung des Wahlvorstandes nach 17 BetrVG sowie nach § 14a BetrVG zur Durchführung der Wahl im vereinfachten Wahlverfahren,
- den regelmäßigen Betriebsversammlungen (§ 43 Abs. 1 S. 1 BetrVG),
- den zusätzlichen Betriebsversammlungen aus besonderem Grund (§ 43 Abs. 1 S. 4 BetrVG) sowie
- den auf Antrag des Arbeitgebers einberufenen außerordentlichen Betriebsversammlungen (§ 43 Abs. 3 S. 1 BetrVG

durch einen teilnahmeberechtigten Arbeitnehmer (→ *Frage 45: Wer gehört zum teilnahmeberechtigten Personenkreis?*) sind nach § 44 Abs. 1 BetrVG wie Arbeitszeit zu vergüten (zur Vergütungshöhe → *Frage 100: Wonach richtet sich die Höhe der zu zahlenden Vergütung?*), soweit die Versammlungen **während der betrieblichen Arbeitszeit** (→ *Frage 21: Welche Betriebsversammlungen finden während der Arbeitszeit statt?*) stattfinden.

Verlässt der teilnahmeberechtigte Arbeitnehmer die Versammlung vorzeitig oder nimmt er an dieser mit **Verspätung** teil, dann mindert sich sein Vergütungsanspruch entsprechend. Unklar ist, ob zu der nach § 44 Abs. 1 S. 2 BetrVG vergütungsrelevanten „Zeit der Teilnahme" die gesamte Zeit der Anwesenheit des jeweils teilnahmeberechtigten Arbeitnehmers von Beginn bis Ende der Betriebsversammlung einschließlich etwaiger **Pausenzeiten** zählt. Soweit es sich – auch vom Umfang her – um notwendige Pausenzeiten handelt (→ *Frage 93: Sind die Kosten für die Bewirtung der Teilnehmer bzw. Referenten einer Betriebsversammlung vom Arbeitgeber zu tragen?*), spricht vieles dafür, dass diese als Bestandteil der Versammlung ebenfalls zu vergüten sind.

Die Vergütungspflicht besteht auch dann, wenn die oben aufgeführten Versammlungen **aufgrund der Eigenart** des Betriebes **außerhalb der betrieblichen Arbeitszeit** durchgeführt werden (vgl. § 44 Abs. 1 S. 3 BetrVG; → *Frage 22: Wann können/müssen Betriebsversammlungen außerhalb der Arbeitszeit stattfinden?*). Wird die Betriebsversammlung zu Unrecht außerhalb der Arbeitszeit einberufen, besteht für die Teilnehmer dieser Versammlung grds. kein Anspruch auf Vergütung und Fahrtkostenersatz für die Teilnahme nach § 44 Abs. 1 BetrVG. Etwas anderes kann sich hier ausnahmsweise unter dem Gesichtspunkt der sog. **Vertrauenshaftung** ergeben, wenn der Arbeitgeber ggü. den Teilnehmern dieser Versammlung zum Ausdruck gebracht hat, dass er trotz Fehlens der gesetzlichen Voraussetzungen mit einer Durchführung der Betriebsversammlung außerhalb der Arbeitszeit einverstanden ist (BAG 27.11.1987 – 7 AZR 29/87).

Ein Vergütungsanspruch aus § 44 Abs. 1 BetrVG scheidet regelmäßig aus, wenn die **gesetzlichen Voraussetzungen** zur Einberufung der Betriebsversammlung nicht erfüllt sind (BAG 23.10.1991 – 7 AZR 249/90 zur zusätzlichen Betriebsversammlung nach § 43 Abs. 1 S. 4 BetrVG; → *Frage 17: Wann werden zusätzliche Betriebsversammlungen durchgeführt?*). Ausnahmsweise kann sich aber auch hier aus Gründen der Vertrauenshaftung ein Vergütungsanspruch ergeben (BAG 27.11.1987 – 7 AZR 29/87 für eine regelmäßige Betriebsversammlung, die gesetzeswidrig außerhalb der Arbeitszeit durchgeführt wurde).

Praxistipp

Soweit der Arbeitgeber eine sog. Vertrauenshaftung verhindern will, sollte er bei einer aus seiner Sicht gesetzeswidrig einberufenen Betriebsversammlung die Belegschaft vor der Versammlung auf die Gesetzeswidrigkeit und zugleich darauf hinweisen, dass Zeiten der Teilnahme an dieser Versammlung nicht vergütet werden und diese Versammlung nicht dazu berechtigt, der Arbeit fernzubleiben.

Andere als die eingangs aufgeführten **Betriebsversammlungen**, dh ohne Antrag oder auf Antrag eines Viertels der Arbeitnehmer einberufene außerordentliche Betriebsversammlungen (§ 43 Abs. 3 S. 1 BetrVG, in § 44 Abs. 2 S. 1 BetrVG als **„sonstige“ Betriebsversammlungen** bezeichnet), sind grds. **außerhalb der Arbeitszeit** durchzuführen (vgl. § 44 Abs. 2 S. 1 BetrVG). In diesem Fall besteht für die teilnehmenden Arbeitnehmer auch kein Anspruch auf Vergütung für die Zeiten der Teilnahme. Nur ausnahmsweise, dh im Einvernehmen mit dem Arbeitgeber, können diese Versammlungen (ganz oder teilweise) auch während der Arbeitszeit stattfinden (§ 44 Abs. 2 S. 2 BetrVG). Dies erfordert eine entsprechende **Zustimmung des Arbeitgebers** (→ *Frage 21: Welche Betriebsversammlungen finden während der Arbeitszeit statt?*; → *Frage 22: Wann können/müssen Betriebsversammlungen außerhalb der Arbeitszeit stattfinden?*). Wird die Zustimmung erteilt und findet die sonstige Betriebsversammlung während der Arbeitszeit statt, dann darf der Arbeitgeber das Arbeitsentgelt der teilnahmeberechtigten und an der Versammlung auch teilnehmenden Arbeitnehmer nicht mindern (§ 44 Abs. 2 S. 2 BetrVG). Die Arbeitnehmer behalten also ihren arbeitsvertraglichen Entgeltanspruch. Ihr Entgelt ist in der Höhe zu zahlen, wie es ohne die Betriebsversammlung der Fall gewesen wäre (**Lohnausfallprinzip**).

95. Besteht ein Anspruch auf Vergütung nur für die Teilnahme an bestimmten Betriebsversammlungen?

Ja, grds. besteht nach § 44 Abs. 1 BetrVG nur ein Anspruch auf Vergütung für die Teilnahme an

- einer Betriebsversammlung zur Bestellung des Wahlvorstandes nach 17 BetrVG sowie nach § 14a BetrVG zur Durchführung der Wahl im vereinfachten Wahlverfahren,
- den regelmäßigen Betriebsversammlungen (§ 43 Abs. 1 S. 1 BetrVG),
- den zusätzlichen Betriebsversammlungen aus besonderem Grund (§ 43 Abs. 1 S. 4 BetrVG) sowie
- den auf Antrag des Arbeitgebers einberufenen außerordentlichen Betriebsversammlungen (§ 43 Abs. 3 S. 1 BetrVG),

soweit die betreffende Versammlung während der betrieblichen Arbeitszeit durchgeführt wurde (→ *Frage 94: Haben Arbeitnehmer Anspruch auf eine Vergütung für die Dauer der Teilnahme an einer Betriebsversammlung?*).

96. Was gilt, wenn der Arbeitnehmer in seiner Freizeit an einer Betriebsversammlung teilgenommen hat?

Soweit der Vergütungsanspruch aus § 44 Abs. 1 BetrVG besteht (→ *Frage 94: Haben Arbeitnehmer Anspruch auf eine Vergütung für die Dauer der Teilnahme an einer Betriebsversammlung?*), spielt es für die Vergütung nach dieser Vorschrift keine Rolle, ob die Betriebsversammlung während oder außerhalb der persönlichen Arbeitszeit des teilnahmeberechtigten Arbeitnehmers stattfindet. Der **besondere gesetzliche Vergütungsanspruch** aus § 44 Abs. 1 BetrVG besteht unabhängig davon, ob ohne Durchführung der Betriebsversammlung ein vertraglicher Vergütungsanspruch bestanden hätte. Das sog. Lohnausfallprinzip gilt nicht (Fitting BetrVG § 44 Rn. 26). Daher kann auch ein (teilnahmeberechtigter) Arbeitnehmer, der außerhalb seiner persönlichen Arbeitszeit – also in seiner Freizeit – an einer Betriebsversammlung teilnimmt, eine Vergütung nach § 44 Abs. 1 BetrVG beanspruchen. Wenn der betreffende Arbeitnehmer hier zur Teilnahme an der Versammlung zusätzlich den Betrieb aufsuchen muss und es damit zu „**zusätzlichen Wegezeiten**" iSv § 44 Abs. 1 S. 2 BetrVG kommt, sind auch diese Wegezeiten zu vergüten (→ *Frage 99: Erstreckt sich der Vergütungsanspruch auch auf Wegezeiten bzw. Reisezeiten?*).

Dagegen kommt der besondere gesetzliche Vergütungsanspruch für die **Teilnahme an sonstigen Betriebsversammlungen**, dh bei außerordentlichen Betriebsversammlungen, die vom BR ohne Antrag oder auf Antrag eines Viertels der Arbeitnehmer einberufen werden (§ 43 Abs. 3 S. 1 BetrVG), nicht in Betracht. Hier gilt – auch wenn die Betriebsversammlung mit Zustimmung des Arbeitgebers erfolgt – das sog. **Lohnausfallprinzip** (→ *Frage 94: Haben Arbeitnehmer Anspruch auf eine Vergütung für die Dauer der Teilnahme an einer Betriebsversammlung?*). Daher besteht kein Vergütungsanspruch, wenn ein teilnahmeberechtigter Arbeitnehmer während seiner Freizeit an einer solchen Versammlung teilnimmt.

97. Wie wirkt sich Krankheit, Urlaub oder Elternzeit auf die Vergütung für die Teilnahme an einer Betriebsversammlung aus?

Soweit der Vergütungsanspruch aus § 44 Abs. 1 BetrVG besteht (→ *Frage 94: Haben Arbeitnehmer Anspruch auf eine Vergütung für die Dauer der Teilnahme an einer Betriebsversammlung?*), kommt das Lohnausfallprinzip nicht zur Anwendung (→ *Frage 96: Was gilt, wenn der Arbeitnehmer in seiner Freizeit an einer Betriebsversammlung teilgenommen hat?*). Daher können auch folgende Arbeitnehmer einen Anspruch auf Vergütung der Zeiten für die Teilnahme an der Betriebsversammlung einschließlich der **zusätzlichen Wegezeiten** (→ *Frage 99: Erstreckt sich der Vergütungsanspruch auch auf Wegezeiten bzw. Reisezeiten?*) haben:

- **erkrankte Arbeitnehmer** (soweit die Krankheit einer Teilnahme nicht entgegensteht), und zwar unabhängig davon, ob diese noch einen Anspruch auf Entgeltfortzahlung im Krankheitsfall haben oder nicht; allerdings besteht für die Zeiten der Teilnahme an einer Betriebsversammlung kein Anspruch auf **Entgeltfortzahlung im Krankheitsfall**,
- im **Urlaub** befindliche Arbeitnehmer; diese erhalten die Vergütung für die Zeit der Teilnahme an der Versammlung zusätzlich zu dem **Urlaubsentgelt** (BAG 5.5.1987 – 1 AZR 665/85),
- Arbeitnehmer im **ruhenden Arbeitsverhältnis** zB während einer Pflegezeit oder Elternzeit (MHdB-ArbR/Lunk § 299 Rn. 82; BAG 31.5.1989 – 7 AZR 574/88 zur Elternzeit),
- Arbeitnehmer in **Kurzarbeit** (Fitting BetrVG § 44 Rn. 30).

Dagegen sind Arbeitnehmer im **Blockmodell eines Altersteilzeitarbeitsverhältnisses** mit Beginn der Freistellungsphase nicht mehr berechtigt, an einer Betriebsversammlung teilzunehmen (→ *Frage 45: Wer gehört zum teilnahmeberechtigten Personenkreis?*). Mit dem Wegfall der Teilnahmeberechtigung entfällt auch ein Vergütungsanspruch aus § 44 Abs. 1 BetrVG (Fitting BetrVG § 44 Rn. 29).

Inwieweit auch einem **streikenden Arbeitnehmer** (→ *Frage 27: Darf eine Betriebsversammlung während eines Streiks stattfinden?*), der zulässigerweise an einer Betriebsversammlung teilnimmt, ein Anspruch aus § 44 Abs. 1 BetrVG zustehen kann, wird unterschiedlich bewertet. Das BAG hält einen Vergütungsanspruch für möglich (BAG 5.5.1987 – 1 AZR 292/85). Dagegen wird nach anderer Ansicht ein Vergütungsanspruch für streikende Arbeitnehmer abgelehnt, soweit sich die Betriebsversammlung als Maßnahme des Arbeitskampfes darstellt und damit verbundene Vergütungsansprüche die Kampfparität unzumutbar stören (MHdB-ArbR/Lunk § 299 Rn. 83 mwN).

98. Können auch Leiharbeitnehmer eine Vergütung beanspruchen?

Leiharbeitnehmer sind berechtigt, an Betriebsversammlungen **im Entleiherbetrieb** teilzunehmen (→ *Frage 45: Wer gehört zum teilnahmeberechtigten Personenkreis?*?). Im Falle einer Teilnahme an einer entsprechenden Betriebsversammlung (→ *Frage 94: Haben Arbeitnehmer Anspruch auf eine Vergütung für die Dauer der Teilnahme an einer Betriebsversammlung?*) kann auch für sie ein Vergütungsanspruch aus § 44 Abs. 1 BetrVG bestehen. Dieser richtet sich aber nicht gegen den Entleiher, sondern an den Verleiher, da dieser als **Arbeitgeber des Leiharbeitnehmers** auch für die Zahlung der sonstigen Vergütung zuständig ist (MHdB-ArbR/Lunk § 299 Rn. 82).

99. Erstreckt sich der Vergütungsanspruch auch auf Wegezeiten bzw. Reisezeiten?

Der besondere gesetzliche Vergütungsanspruch nach § 44 Abs. 1 BetrVG (→ *Frage 94: Haben Arbeitnehmer Anspruch auf eine Vergütung für die Dauer der Teilnahme an einer Betriebsversammlung?*) erstreckt sich auch auf die „*zusätzlichen Wegezeiten*". Darunter fallen die Zeiten, welche die an der Betriebsversammlung teilnehmenden Arbeitnehmer über die Wegezeit hinaus aufbringen müssen, die sie ohnehin benötigen, um ihre vertraglich geschuldete Arbeit erbringen zu können (BAG 5.5.1987 – 1 AZR 292/85). Soweit die nach § 44 Abs. 1 BetrVG vergütungspflichtige **Betriebsversammlung vollständig während der persönlichen Arbeitszeit** des Arbeitnehmers stattfindet, fallen keine zusätzlichen Wegezeiten an, die zu vergüten wären.

Beispiel

Der teilnahmeberechtigte Arbeitnehmer A nimmt im 3. Quartal 2024 von 9 bis 12 Uhr an einer vom BR einberufenen regelmäßigen Betriebsversammlung teil. Am Tag der Betriebsversammlung war er für die Frühschicht (Beginn: 6 Uhr, Ende: 14 Uhr) eingeteilt. Damit liegt die Betriebsversammlung vollständig in der persönlichen Arbeitszeit des Arbeitnehmers A. Es fallen damit keine „zusätzlichen" Wegezeiten an, die der A aufwenden muss, um an der Betriebsversammlung teilzunehmen. Daher hat er weder einen Anspruch auf Vergütung der für die Fahrt zur Arbeit aufgewendeten Zeit, noch ist die Zeit für die Rückfahrt von der Arbeit nach Hause gem. § 44 Abs. 1 S. 2 BetrVG zu vergüten.

Soweit dagegen eine nach § 44 Abs. 1 BetrVG vergütungspflichtige Betriebsversammlung ganz oder teilweise **außerhalb der persönlichen Arbeitszeit** des Arbeitnehmers stattfindet, sodass der betreffende Arbeitnehmer zusätzlich den Betrieb aufsuchen und/oder zeitlich ungünstigere Verkehrsmittel nutzen muss und damit zusätzliche Wegezeiten anfallen, sind diese zusätzlichen Wegezeiten nach § 44 Abs. 1 S. 2 BetrVG zu vergüten.

Beispiel

Der teilnahmeberechtigte Arbeitnehmer A nimmt im 3. Quartal 2024 von 9 bis 12 Uhr an einer vom BR einberufenen regelmäßigen Betriebsversammlung teil. Am Tag der Betriebsversammlung war er nicht zum Dienst eingeteilt. Damit liegt die Betriebsversammlung außerhalb der persönlichen Arbeitszeit des Arbeitnehmers A. Er muss zur Teilnahme an der Versammlung extra den Betrieb aufsuchen. Damit fallen „zusätzliche" Wegezeiten an, die der A aufwenden muss, um an der Betriebsversammlung teilzunehmen. Daher hat er grds. nach § 44 Abs. 1 S. 2 BetrVG einen Anspruch auf Vergütung der Zeiten, die er zur Fahrt von seiner Wohnung zum Versammlungsort und zurück (zusätzlich) aufwenden musste.

Mithin kommen immer dann vergütungspflichtige zusätzliche Wegezeiten iSv § 44 Abs. 1 S. 2 BetrVG in Betracht, wenn der teilnahmeberechtigte Arbeitnehmer zum Zeitpunkt der Betriebsversammlung **nicht zur Arbeitsleistung verpflichtet** ist. Zu denken ist insbesondere an

- Krankheit,
- Urlaub,
- ruhendes Arbeitsverhältnis und
- Kurzarbeit.

Gleiches gilt, wenn die Betriebsversammlung **nicht am Arbeitsort** des teilnahmeberechtigten Arbeitnehmers, sondern an einem davon abweichenden Ort stattfindet und der Arbeitnehmer zum Versammlungsort anreisen und daher zusätzliche Wegezeiten aufwenden muss. Zu denken ist hier zB an die Fälle, in denen der Arbeitnehmer am Versammlungstag im Home-Office arbeitet oder der in einer Zweigstelle tätige Arbeitnehmer zur Betriebsversammlung am Hauptstandort fährt (Fitting BetrVG § 44 Rn. 37).

Im Einzelfall kann es in den zuvor aufgeführten Fallgestaltungen auch **zu längeren Reisezeiten** kommen. Zu denken ist zB an die Fälle, in denen

- Arbeitnehmer ihren **Wohnsitz im Ausland** haben und an einem arbeitsfreien Tag zur Betriebsversammlung in den Inlandsbetrieb reisen oder
- Arbeitnehmer **während eines Auslandsurlaubs** zur Betriebsversammlung in den Inlandsbetrieb reisen.

Nach dem Wortlaut von § 44 Abs. 1 S. 2 BetrVG ist der Umfang der vergütungspflichtigen zusätzlichen Wegezeiten nicht begrenzt. Allerdings wird darauf hingewiesen, dass das BetrVG auf Inlandssachverhalten basiert und daher allenfalls – soweit verhältnismäßig – die hypothetischen Kosten einer Reise vom inländischen Wohnsitz zum Versammlungsort und zurück erstattungsfähig sind (MHdB-ArbR/Lunk § 299 Rn. 92). Bei fehlendem inländischem Wohnsitz bzw. zur Begrenzung aus Gründen der Verhältnismäßigkeit bietet es sich an, insoweit die Maßstäbe heranzuziehen, anhand derer geprüft wird, ob ein Betriebsteil iSv § 4 Abs. 1 S. 1 Nr. 1 BetrVG „räumlich weit vom Hauptbetrieb entfernt" ist. Danach gilt Folgendes: Beträgt der Zeitaufwand für die Zurücklegung der einfachen Strecke zwischen den Betriebsteilen und dem Hauptbetrieb mit öffentlichen Verkehrsmitteln mind. 55 Minuten zzgl. der Zeit für den Weg zur jeweiligen Haltestelle, sodass sich für die „Hin- und Rückfahrt ein Mindestzeitaufwand von mehr als zwei Stunden" ergibt, liegen die Betriebsteile „räumlich weit vom Hauptbetrieb entfernt" (BAG 7.5.2008 – 7 ABR 15/07). Unter Heranziehung dieser Grundsätze bietet es sich an, die **Vergütung für hypothetische An- und Abreisezeiten** nach § 44 Abs. 1 S. 2 BetrVG **auf insgesamt zwei Stunden** zu begrenzen.

100. Wonach richtet sich die Höhe der zu zahlenden Vergütung?

Der besondere gesetzliche Vergütungsanspruch nach § 44 Abs. 1 BetrVG (→ *Frage 94: Haben Arbeitnehmer Anspruch auf eine Vergütung für die Dauer der Teilnahme an einer Betriebsversammlung?*) sieht vor, dass die Zeit der Teilnahme an der vergütungspflichtigen Betriebsversammlung einschließlich zusätzlicher Wegezeiten **„wie Arbeitszeit"** zu vergüten ist. Die Höhe der nach § 44 Abs. 1 BetrVG zu zahlenden Vergütung entspricht dem Vergütungsanspruch, der dem Arbeitnehmer sonst für seine Arbeitsleistung zusteht. Entscheidend ist also die Höhe des regelmäßigen individuellen Arbeitsentgelts. Bei variabler Vergütung ist auf den **Durchschnitt des zuletzt erzielten Arbeitsentgelts** abzustellen. Bei der Berechnung sind grds. auch die gewöhnlich gezahlten

- **Zulagen,** zB Schmutz- und Erschwerniszulagen,
- **vermögenswirksamen Leistungen,**
- sowie **Zuschläge**, die unabhängig von der Arbeitsleistung gezahlt werden und die bei der gewöhnlichen Arbeitszeit anfallen,

zu berücksichtigen (MHdB-ArbR/Lunk § 299 Rn. 89 mwN).

Allerdings besteht grds. kein Anspruch auf zeitabhängige Zuschläge wie

- **Sonn- und Feiertagszuschläge** (BAG 1.10.1974 – 1 AZR 394/73; aA Fitting BetrVG § 44 Rn. 31) sowie
- **Mehrarbeitszuschläge** (BAG 5.5.1987 – 1 AZR 292/85; Fitting BetrVG § 44 Rn. 33).

Soweit allerdings Arbeitnehmer normalerweise während der Zeit ihrer Teilnahme an der Betriebsversammlung Mehrarbeit/Überstunden geleistet hätten, sind diese **Mehrarbeitsstunden/Überstunden** einschließlich Mehrarbeitszuschlägen von der Vergütungspflicht nach § 44 Abs. 1 BetrVG erfasst (BAG 1.10.1974 – 1 AZR 394/73; Fitting BetrVG § 44 Rn. 33).

101. Kann die Teilnahme an einer Betriebsversammlung zuschlagspflichtige Überstunden auslösen?

Die Zeit der Teilnahme an einer Betriebsversammlung ist, auch wenn sie über die normale Arbeitszeit hinausgeht, keine „Mehrarbeit" und damit im Regelfall auch nicht als Mehrarbeitszeit bzw. Überstunde zu vergüten. Es besteht hier auch regelmäßig kein Anspruch auf Mehrarbeits-/Überstundenzuschläge. Lediglich bei Arbeitnehmern, die **normalerweise** während der Zeit ihrer Teilnahme an der Betriebsversammlung **Mehrarbeit/Überstunden** geleistet hätten, sind diese Mehrarbeitsstunden/Überstunden einschließlich Mehrarbeitszuschlägen von der Vergütungspflicht nach § 44 Abs. 1 BetrVG erfasst (→ *Frage 100: Wonach richtet sich die Höhe der zu zahlenden Vergütung?*).

102. Sind die mit der Teilnahme an einer Betriebsversammlung verbundenen Reise- bzw. Fahrtkosten zu erstatten?

Soweit ein Vergütungsanspruch aus § 44 Abs. 1 BetrVG besteht (→ *Frage 94: Haben Arbeitnehmer Anspruch auf eine Vergütung für die Dauer der Teilnahme an einer Betriebsversammlung?*), können die teilnahmeberechtigten Arbeitnehmer auch eine Erstattung der zusätzlich, dh (allein) aufgrund der Versammlungsteilnahme verursachten **zusätzlichen Fahrtkosten** gem. § 44 Abs. 1 S. 3 BetrVG beanspruchen.

Beispiel

Der teilnahmeberechtigte Arbeitnehmer A nimmt im 3. Quartal 2024 von 9 bis 12 Uhr an einer vom BR einberufenen regelmäßigen Betriebsversammlung teil. Am Tag der Betriebsversammlung war er für die Frühschicht (Beginn: 6 Uhr, Ende: 14 Uhr) eingeteilt. Damit liegt die Betriebsversammlung vollständig in der persönlichen Arbeitszeit des Arbeitnehmers A. Es fallen damit keine „zusätzlichen" Fahrtkosten an, die der A aufwenden muss, um an der Betriebsversammlung teilzunehmen. Daher hat er weder einen Anspruch auf Erstattung der für die Fahrt zur Arbeit aufgewendeten Kosten, noch sind die Kosten für die Rückfahrt von der Arbeit nach Hause gem. § 44 Abs. 1 S. 3 BetrVG zu erstatten.

Ein Anspruch auf Erstattung zusätzlicher Fahrtkosten besteht – in entsprechender Anwendung von § 44 Abs. 1 S. 3 BetrVG – aber dann, wenn die Betriebsversammlung zwar während der betrieblichen, jedoch **außerhalb der persönlichen Arbeitszeit** des Arbeitnehmers durchgeführt wird und infolgedessen zusätzliche Fahrtkosten entstehen.

Beispiel

Der teilnahmeberechtigte Arbeitnehmer A nimmt im 3. Quartal 2024 von 9 bis 12 Uhr an einer vom BR einberufenen regelmäßigen Betriebsversammlung teil. Am Tag der Betriebsversammlung war er nicht zum Dienst eingeteilt. Damit liegt die Betriebsversammlung außerhalb der persönlichen Arbeitszeit des Arbeitnehmers A. Er muss zur Teilnahme an der Versammlung extra den Betrieb aufsuchen. Damit fallen „zusätzliche" Fahrtkosten an, die der A aufwenden muss, um an der Betriebsversammlung teilzunehmen. Daher hat er grds. in entsprechender Anwendung von § 44 Abs. 1 S. 3 BetrVG einen Anspruch auf Erstattung der Kosten, die er zur Fahrt von seiner Wohnung zum Versammlungsort und zurück (zusätzlich) aufwenden musste.

Im Einzelfall kann die Teilnahme an einer Betriebsversammlung mit **längeren Anreisen** verbunden sein, zB in Fallgestaltungen bei denen

- Arbeitnehmer ihren **Wohnsitz im Ausland** haben und an einem arbeitsfreien Tag zur Betriebsversammlung in den Inlandsbetrieb reisen oder
- Arbeitnehmer **während eines Auslandsurlaubs** zur Betriebsversammlung in den Inlandsbetrieb reisen.

Hier sind an sich nach § 44 Abs. 1 S. 3 BetrVG erstattungsfähige Fahrtkosten der Höhe nach auf die hypothetischen Kosten zu begrenzen, die bei einer Reise vom inländischen Wohnsitz zum Versammlungsort und zurück erstattungsfähig wären, soweit auch diese nicht unverhältnismäßig erscheinen (MHdB-ArbR/Lunk § 299 Rn. 93; aA Fitting BetrVG § 44 Rn. 41; zur Vergütung der zusätzlichen **Wegezeiten** → *Frage 99: Erstreckt sich der Vergütungsanspruch auch auf Wegezeiten bzw. Reisezeiten?*).

Erstattungsfähig sind nur solche Fahrtkosten, die einem teilnahmeberechtigten Arbeitnehmer tatsächlich und zusätzlich aufgrund der Teilnahme an der Betriebsversammlung entstanden sind. Bei der Benutzung eines eigenen Pkw oder Motorrads ist eine **Pauschalierung** zulässig. So können pro gefahrenem Kilometer die bei der Lohnsteuer für die Werbungskosten anerkannten Pauschalsätze herangezogen werden (Fitting BetrVG § 44 Rn. 41). Wird ein anderes angemessenes Verkehrsmittel genutzt, so kann – auch hier begrenzt durch den Grundsatz der Verhältnismäßigkeit – die Erstattung der tatsächlich entstandenen zusätzlichen Aufwendungen (zB **Fahrkarte für den ÖPNV)** beansprucht werden. Stellt allerdings der Arbeitgeber ein Transportmittel (zB einen Bus) zur Verfügung, kann der Arbeitnehmer keine Fahrtkostenerstattung verlangen, wenn er dieses Angebot nicht nutzt.

In einer **Betriebsvereinbarung** kann auch der gesetzliche Anspruch auf Fahrtkostenerstattung aus § 44 Abs. 1 BetrVG nicht (wirksam) ausgeschlossen werden. Zugunsten des Arbeitnehmers können allerdings abweichende Regelungen (zB eine Erweiterung der Kostenerstattungspflicht) verankert werden. Denkbar ist auch, den Anspruch auf Fahrtkostenerstattung in einer Betriebsvereinbarung zu pauschalieren (Fitting BetrVG § 44 Rn. 42).

103. Sind weitere Kosten (zB für Kinderbetreuung) zu erstatten?

Der in § 44 Abs. 1 S. 3 BetrVG geregelte Kostenerstattungsanspruch erstreckt sich lediglich auf „Fahrtkosten", die einem teilnahmeberechtigten Arbeitnehmer tatsächlich und zusätzlich aufgrund der Teilnahme an der Betriebsversammlung entstanden sind (→ *Frage 102: Sind die mit der Teilnahme an einer Betriebsversammlung verbundenen Reise- bzw. Fahrtkosten zu erstatten?*). Die **Erstattung weiterer Kosten,** zB

- Kinderbetreuungskosten (aA LAG Nürnberg 25.4.2012 – 4 TaBV 58/11) und
- Bewirtungs- bzw. Verpflegungskosten (→ *Frage 93: Sind die Kosten für die Bewirtung der Teilnehmer bzw. Referenten einer Betriebsversammlung vom Arbeitgeber zu tragen?*)

sieht das Gesetz nicht vor. Diese sind der privaten Lebensführung des Arbeitnehmers zuzuordnen und daher grds. auch von diesem zu tragen (Fitting BetrVG § 44 Rn. 24).

104. Wie lässt sich ein Anspruch des Arbeitnehmers auf Vergütung bzw. Erstattung von Reise-/Fahrtkosten durchsetzen?

Besteht infolge der Teilnahme eines Arbeitnehmers an einer Betriebsversammlung ein Anspruch auf Vergütung bzw. Erstattung von Reise- bzw. Fahrtkosten, handelt es sich um einen **Anspruch „aus dem Arbeitsverhältnis"** iSv § 2 Abs. 1 ArbGG. Dieser Anspruch kann gerichtlich vor den Arbeitsgerichten durchgesetzt werden, und zwar im **Urteilsverfahren** (BAG 1.10.1974 – 1 AZR 394/73).

Muster

Muster 1: Übersicht der Unterschiede zwischen regelmäßigen, zusätzlichen und außerordentlichen Betriebsversammlungen

	Regelmäßige Betriebsversammlung	**Zusätzliche Betriebsversammlung**	**Außerordentliche Betriebsversammlung**
Häufigkeit	4-mal jährlich (1x pro Quartal)	bis zu einmal pro Kalenderhalbjahr zusätzlich zu regelmäßigen Versammlungen bei Vorliegen entsprechender Gründe	nach Bedarf und Vorliegen entsprechender Gründe
Zeitraum	Grundsätzlich während der Arbeitszeit	Grundsätzlich während der Arbeitszeit	Grundsätzlich außerhalb der Arbeitszeit außer bei Einberufung aufgrund eines Antrages des Arbeitgebers oder bei einvernehmlicher Durchführung während der Arbeitszeit
Freistellung der Arbeitnehmer für Teilnahme?	Ja	Ja	Nein, außer bei Einberufung aufgrund eines Antrages des Arbeitgebers oder bei einvernehmlicher Durchführung während der Arbeitszeit
Vergütung der Arbeitnehmer für Teilnahme?	Ja	Ja	Nein, außer bei Einberufung aufgrund eines Antrages des Arbeitgebers oder bei einvernehmlicher Durchführung während der Arbeitszeit
Veranlassung durch	BR	BR	BR, den Arbeitgeber oder ¼ der wahlberechtigten AN
Einladung durch	BR	BR	BR
Teilnahmerecht des Arbeitgebers?	Ja	Ja	Nur bei Veranlassung durch Arbeitgeber, sonst Einladung möglich, aber nicht verpflichtend

Muster 2: Checkliste zur Einberufung und Durchführung einer regelmäßigen Betriebsversammlung

Aufgabe	Inhalt	Zeitpunkt (Wann?)	Erledigt?
Termin planen	• Abstimmung im BR über Zeitpunkt der nächsten regelmäßigen Betriebsversammlung und etwaige Ausweichtermine • Absprache mit dem Arbeitgeber über geplanten Termin und etwaige Ausweichtermine • Bei **Teil-/Abteilungsversammlungen**: Koordinierung der verschiedenen Termine • Bestimmung des Teilnehmerkreises bei Teil-/Abteilungsversammlung	• jedes Quartal • 4–6 Wochen vor dem geplanten Termin	
Ort planen	• Abstimmung über Ort der Betriebsversammlung im BR (insbes. Geeignetheit für Vollversammlung) • Prüfung, ob Ort für geplanten Termin verfügbar wäre sowie Anfrage bei Arbeitgeber zur Verfügbarkeit des Raums • Bei **Teil-/Abteilungsversammlungen**: Prüfen, ob mehrere Räume parallel bzw. für alle Teilversammlungen verfügbar sind	• jedes Quartal • 4–6 Wochen vor dem geplanten Termin	
Technische Ausstattung/ Raumausstattung prüfen	• Prüfung, welche technische Ausrüstung erforderlich ist (Beamer, PC, Mikrofone, Lautsprecher etc) • Prüfung, ob Raum ausreichend ausgestattet ist (Stühle, Tische, Podium etc) • Reservierung, Anmietung oder Erwerb von Ausstattung • Anfrage von Ausstattung beim Arbeitgeber	• 4–6 Wochen vor dem geplanten Termin • erneut 2–3 Tage vor der Versammlung	
Ggf. Abstimmung von Zeit und Ort mit Arbeitgeber	• Einmal jährlich: Bericht des Arbeitgebers	4–6 Wochen vor dem geplanten Termin	
Festlegung Tagesordnung	• Festlegung der regelmäßigen Themen – Tätigkeitsbericht – Bericht aus anderen Gremien (GBR, KBR) – einmal jährlich: Bericht des Arbeitgebers • Festlegung weiterer Themen • Prüfung: Beiträge von Gästen (Gewerkschaftsbeauftragte, Sachverständige …) • Abschätzung Zeitumfang	4–6 Wochen vor dem geplanten Termin	

Aufgabe	**Inhalt**	**Zeitpunkt (Wann?)**	**Erledigt?**
Beschlussfassung	• Beschluss des BR über Datum, Zeit und Ort sowie Tagesordnung der Betriebsversammlung	4–6 Wochen vor dem geplanten Termin	
Vorbereitung des Tätigkeitsberichtes	• Themenbearbeitung: – ggf. Bearbeitung der vorstehenden Punkte in den jeweiligen Ausschüssen (Personalausschuss, Bildungsausschuss etc) – Überprüfung, ob Themen aus letzter Betriebsversammlung offen sind – Auflistung der Tätigkeiten seit letzter Betriebsversammlung – Gab es Verhandlungen oder Abschlüsse von Betriebsversammlungen? – Welche offenen Themen gibt es aktuell? • ggf. Bearbeitung der vorstehenden Punkte in den jeweiligen Ausschüssen (Personalausschuss, Bildungsausschuss etc) • ggf. Festlegung, welches BR-Mitglied zu welchen Punkten vorträgt • ggf. Entwurf einer Präsentation und Zusammentragen von Material	ab ca. 6 Wochen vor der Versammlung und ggf. Aktualisierung bis unmittelbar vor der Versammlung	
Bekanntmachung der Betriebsversammlung für Arbeitnehmer	• Anfertigung der Bekanntmachung mit Zeitpunkt (Datum und Beginn), Ort und Tagesordnung der Betriebsversammlung • ggf. Bekanntmachung von Teil-/Abteilungsversammlungen mit Zuordnung der teilnahmeberechtigten Arbeitnehmer • Aushang der Bekanntmachung/Hochladen im Intranet/Versand von E-Mails etc • ggf. Versand der Bekanntmachung an Arbeitnehmer, die nicht regelmäßig im Betrieb sind (Elternzeit, Mutterschutz, Langzeiterkrankung)	Spätestens 2 Wochen vor der Versammlung	
Einladung des Arbeitgebers, der Gewerkschaft(en), der Gäste und ggf. weiterer Gremienmitglieder (GBR; KBR)	• Mitteilung von Zeit, Ort und Tagesordnung der Betriebsversammlung • Darüber hinaus Mitteilung der voraussichtlichen Versammlungsdauer ggü. dem Arbeitgeber	Spätestens 2 Wochen vor der Versammlung	
Überprüfung des Tätigkeitsberichtes auf Aktualität	• Haben sich noch aktuelle Entwicklungen ergeben, die unbedingt berücksichtigt werden müssen? • ggf. Verteilung der (Sprech-)Rollen im BR	Regelmäßig, final in der Woche vor der Versammlung	

Aufgabe	**Inhalt**	**Zeitpunkt (Wann?)**	**Erledigt?**
Kontrolle und Vorbereitung	• Prüfung der Verfügbarkeit des Raums • Prüfung Funktionsfähigkeit der Technik • Vorbereitung des Raumes (Bestuhlung, Dekoration etc)	am Tag vor der Versammlung oder unmittelbar vor der Versammlung	
Durchführung der Versammlung	• Begrüßung der Anwesenden • Vorstellung der Tagesordnung und des Ablaufs der Versammlung (Diskussionen, Redezeit etc) • ggf. Vorstellung von Gästen/Anwesenden • Tätigkeitsbericht des BR • Abarbeitung von Tagesordnungspunkten • Ausblick		
Nachbereitung der Betriebsversammlung	• Waren Versammlungszeit und -ort geeignet? • War alles gut vorbereitet? • Hatten alle Arbeitnehmer ausreichend Kenntnis von Zeit und Ort der Versammlung(en)? • Wie gelungen war der Tätigkeitsbericht? • Wie war die Beteiligung der Arbeitnehmer? War die Redezeit ausreichend?	Innerhalb weniger Tage nach der Versammlung/in der nächsten Sitzung des BR	

Muster 3: Beschluss zur Einberufung einer regelmäßigen Betriebsversammlung

Beschluss zu Tagesordnungspunkt Nr. ......: „Einberufung einer regelmäßigen Betriebsversammlung“

Der Betriebsrat hat in seiner Sitzung vom ...... beschlossen, am ...... in der Zeit ab ...... Uhr eine regelmäßige Betriebsversammlung für das 2. Quartal 2024 im Versammlungsraum ...... durchzuführen. Dabei sollen folgende Tagesordnungspunkte behandelt werden:

- ......
- ......
- ......

Abstimmungsergebnis: Ja ...... / Nein ...... / Enthaltungen ......

Muster 4: Beschluss zur Einberufung einer regelmäßigen Betriebsversammlung in Form von Teilversammlungen

Beschluss zu Tagesordnungspunkt Nr. ......: „Einberufung einer regelmäßigen Betriebsversammlung“

Der Betriebsrat hat in seiner Sitzung vom ...... beschlossen, eine regelmäßige Betriebsversammlung für das 2. Quartal 2024 durchzuführen, und zwar in Form von folgenden Teilversammlungen

- Tagschicht Band 1 am ...... in der Zeit ab ...... Uhr
- Nachtschicht Band 1 am ...... in der Zeit ab ...... Uhr
- Tagschicht Band 2 am ...... in der Zeit ab ...... Uhr
- Nachtschicht Band 2 am ...... in der Zeit ab ...... Uhr
- ...... am ...... in der Zeit ab ...... Uhr

Die Teilnahme richtet sich nach der Schichtzuteilung.

Für den Bereich ...... am ...... in der Zeit ab ...... Uhr (Aufzählung weiterer Teilversammlungen für die verbleibenden Bereiche nebst Festlegung der Teilversammlungstermine für diese Bereiche), die Teilnahme richtet sich nach ......

Alle Teilversammlungen finden jeweils im Versammlungsraum ...... statt.

Es sollen jeweils folgende Tagesordnungspunkte behandelt werden:

- ......
- ......
- ......

Abstimmungsergebnis: Ja ...... / Nein ...... / Enthaltungen ......

Muster 5: Einladung der Arbeitnehmer zur regelmäßigen Betriebsversammlung

Einladung zur Betriebsversammlung

Liebe Kolleginnen und Kollegen,

hiermit laden wir euch zu unserer dritten regelmäßigen Betriebsversammlung im 3. Quartal des laufenden Kalenderjahres ein. Die Betriebsversammlung wird am ...... in der Zeit ab ...... Uhr im Besprechungsraum ...... stattfinden. Auf der Betriebsversammlung werden wir folgende Tagesordnung behandeln:

- ......
- ......
- ......

Im Rahmen der Betriebsversammlung wird es zu jedem Tagesordnungspunkt Gelegenheit zur Stellungnahme und Diskussion geben.

Wir weisen euch darauf hin, dass jeder Arbeitnehmer berechtigt ist, an der Betriebsversammlung teilzunehmen. Die Zeit der Teilnahme ist vom Arbeitgeber zu vergüten.

Wir freuen uns auf euer zahlreiches Erscheinen.

Der/Die Betriebsratsvorsitzende

Muster 6: Einladung der Arbeitnehmer zur regelmäßigen Betriebsversammlung in Form von Teilversammlungen

Einladung zur Betriebsversammlung

Liebe Kolleginnen und Kollegen,

hiermit laden wir euch zu unserer dritten regelmäßigen Betriebsversammlung im 3. Quartal des laufenden Kalenderjahres ein. Der Betriebsrat hat beschlossen, die regelmäßige Betriebsversammlung in Form von folgenden Teilversammlungen durchzuführen:

- Tagschicht Band 1 am ...... in der Zeit ab ...... Uhr
- Nachtschicht Band 1 am ...... in der Zeit ab ...... Uhr
- Tagschicht Band 2 am ...... in der Zeit ab ...... Uhr
- Nachtschicht Band 2 am ...... in der Zeit ab ...... Uhr
- ...... am ...... in der Zeit von ab ...... Uhr

Die Teilnahme richtet sich nach der Schichtzuteilung.

Für den Bereich ...... am ...... in der Zeit ab ...... Uhr (Aufzählung weiterer Teilversammlungen für die verbleibenden Bereiche nebst Festlegung der Teilversammlungstermine für diese Bereiche), die Teilnahme richtet sich nach ......

Alle Teilversammlungen finden jeweils im Versammlungsraum ...... statt.

Auf der Betriebsversammlung werden wir folgende Tagesordnung behandeln:

- ......
- ......
- ......

Im Rahmen der Betriebsversammlung wird es zu jedem Tagesordnungspunkt Gelegenheit zur Stellungnahme und Diskussion geben.

Wir weisen euch darauf hin, dass jeder Arbeitnehmer berechtigt ist, an der Teilversammlung teilzunehmen, die für ihn vorgesehen ist. Die Zeit der Teilnahme ist vom Arbeitgeber zu vergüten.

Wir freuen uns auf euer zahlreiches Erscheinen.

Der/Die Betriebsratsvorsitzende

Muster 7: Einladung des Arbeitgebers zur regelmäßigen Betriebsversammlung

Einladung zur Betriebsversammlung

Sehr geehrte Frau/sehr geehrter Herr ......,

hiermit lädt Sie der Betriebsrat zur dritten regelmäßigen Betriebsversammlung im 3. Quartal des laufenden Kalenderjahres am ...... in der Zeit von ...... Uhr bis (voraussichtlich) ...... Uhr in den Raum ...... ein. Die Tagesordnung für die Betriebsversammlung entnehmen Sie der beigefügten Anlage. Wie im Vorfeld besprochen, werden Sie in der Betriebsversammlung den Jahresbericht erstatten. Dieser ist unter Tagesordnungspunkt ...... vorgesehen.

Wir weisen darauf hin, dass für den Betriebsrat folgende Gäste an der Betriebsversammlung teilnehmen werden:

- ......
- ......
- ......

Für die Teilnahme von Frau Rechtsanwältin ...... wurde mit Ihnen bereits eine Vereinbarung gem. § 80 Abs. 3 BetrVG abgeschlossen.

Für Rückfragen stehen wir Ihnen gern zur Verfügung.

Der Betriebsratsvorsitzende

Muster 8: Einladung der im BR vertretenen Gewerkschaften zur regelmäßigen Betriebsversammlung

An [Gewerkschaft]

Betriebsrat [Bezeichnung]

Einladung zur regelmäßigen Betriebsversammlung am ……

Sehr geehrte Frau/sehr geehrter Herr ……,

hiermit lädt Sie der Betriebsrat zur dritten regelmäßigen Betriebsversammlung im 3. Quartal des laufenden Kalenderjahres am …… in der Zeit ab …… Uhr im Betrieb …… [Bezeichnung, Adresse] in den Raum …… ein. Die Tagesordnung für die Betriebsversammlung entnehmen Sie der beigefügten Anlage.

Bitte teilen Sie uns möglichst bis zum …… mit, ob ein Beauftragter Ihrer Gewerkschaft an der Versammlung teilnehmen wird. Teilen Sie uns bitte in diesem Fall auch den Namen des Beauftragten mit.

Bei Rückfragen stehen wir Ihnen gern zur Verfügung.

Mit freundlichen Grüßen

Der/Die Betriebsratsvorsitzende

Muster 9: Einladung zur Wahl eines Wahlvorstandes

Betriebsratswahl im Betrieb ......

Einladung zur Wahl eines Wahlvorstandes

Ort, Datum

Liebe Kolleginnen und Kollegen,

hiermit laden wir euch zu einer Betriebsversammlung zur Wahl eines Wahlvorstandes am ...... in der Zeit ab ...... Uhr in den Raum ...... ein. Auf der Betriebsversammlung soll ein Wahlvorstand gewählt werden, der dann eine Betriebsratswahl in unserem Betrieb ...... einleiten soll. Als Mitglieder des Wahlvorstandes schlagen wir vor:

...... (Vor- und Nachname)

...... (Vor- und Nachname)

...... (Vor- und Nachname)

In der Wahlversammlung können sich auch andere wahlberechtigte Arbeitnehmer zur Wahl für den Wahlvorstand stellen.

Wir freuen uns auf euer zahlreiches Erscheinen.

Unterschriften Arbeitnehmer A ......   Arbeitnehmer B ......   Arbeitnehmer C ......